ROBERT DE FLERS ET FRANCIS DE CROISSET

Romance

PIÈCE EN TROIS ACTES ET CINQ TABLEAUX

DONT UN PROLOGUE ET UN ÉPILOGUE

d'après l'œuvre de M. Edward SHELDON

ERNEST FLAMMARION, ÉDITEUR

26, Rue Racine, Paris

Romance

Pièce représentée pour la première fois
au Théâtre de l'Athénée,
le 24 décembre 1923.

CHEZ LE MÊME ÉDITEUR

OUVRAGES DE ROBERT DE FLERS

VERS L'ORIENT.
ENTRE CŒUR ET CHAIR.
LA PETITE TABLE.
ESSAIS DE CRITIQUE.

En collaboration avec Francis de Croisset :

LES NOUVEAUX MESSIEURS, comédie en quatre actes.
LE RETOUR, comédie en trois actes et un prologue.
LES VIGNES DU SEIGNEUR, comédie en trois actes.

A paraître :

LE DOCTEUR MIRACLE.

OUVRAGES DE FRANCIS DE CROISSET

THÉATRE

Tome I : D'un jour à l'autre. — Chérubin. — La bonne intention. — Par politesse.
Tome II : Le bonheur, mesdames. — Les deux courtisanes. — Le cœur dispose.
Tome III : L'épervier. — Le feu du voisin. — Ne dites pas : Fontaine...
Tome IV : Le paon. — Le « Je ne sais quoi ». — Tout est bien...
Tome V : Arsène Lupin. — La passerelle.

En collaboration avec Robert de Flers :

LES NOUVEAUX MESSIEURS, comédie en quatre actes.
LE RETOUR, comédie en trois actes et un prologue.
LES VIGNES DU SEIGNEUR, comédie en trois actes.

A paraître :

LE DOCTEUR MIRACLE.

ROBERT de FLERS et FRANCIS de CROISSET

Romance

Pièce en trois actes et cinq tableaux
dont un prologue et un épilogue
d'après l'œuvre de M. Edward SHELDON

ERNEST FLAMMARION, ÉDITEUR
26, RUE RACINE, PARIS

Il a été tiré de cet ouvrage
cent trente exemplaires sur papier vergé pur fil Lafuma
numérotés de **1** *à* **130.**

PERSONNAGES

	Mmes
RITA CAVALLINI	MADELEINE SORIA.
VANUCCI	STELLA RHO.
KETTY	PAULINE CARTON.
BESSIE	BARSAC.
MARY DE ROCHARD	JANE MAGUENAT.
SUZETTE ARMSTRONG	YVONNE-HÉBERT.
MRS FROLINGTON	MEG DEGARAL.
MISS DAISY ANDERSON	ROMANNE.
MISS BETTY TURNER	ALICE COURY.
MISS FROLINGTON	ANDRÉE GARRAULT.
MRS RUTHERFORD	MAGGY DELVAL.
	MM.
DE ROCHARD	LUCIEN ROZENBERG.
TOM ARMSTRONG	PAUL BERNARD.
PHILIPPS	ARNAUDY.
ADOLPHE	G. GALLET.
DE VIRIEU	JEAN CAPOUL.
MAITRE D'HOTEL	ROBERT TOURNEUR.
JOHN	GRANGE.
HARRY ARMSTRONG	GRAVEY.
CORNELIUS BARCLAY	DE LHOSTE.
JEFFRIES VERSEY	PIERRE BAYLE.
WILLIAM CLAY	PIERRE MARGÈS.
LE GROOM	A. LÉVIN.
UN PORTIER	LOUIS RODIER.
UN VALET DE CHAMBRE	CH. SÉGUIN.

Romance

PROLOGUE

La bibliothèque de l'évêque Armstrong, à Washington Square. A droite, deux fenêtres dont les rideaux épais sont libres. A gauche, une cheminée. Au fond une porte conduisant à l'intérieur de l'appartement. Les murs sont tapissés de rayons remplis de livres. Devant le foyer, à demi tourné vers le public, se trouve le grand fauteuil de l'évêque. A droite, une grande table-bureau en acajou, arrangée avec ordre, portant des livres, le téléphone, des classeurs, une lampe électrique. Derrière la table, une chaise entre les deux fenêtres. La pièce est très sobre, confortable et un peu surannée.

SCÈNE PREMIÈRE

C'est la nuit. La pièce est un peu éclairée. Dans la cheminée le feu de bois brûle gaiement. Mgr Armstrong est assis dans son fauteuil, devant le foyer ; c'est un vieillard aimable et fin de soixante-dix ans environ. Suzette, très décidée, dix-sept ans, est assise au bureau et lit à voix haute le journal.

SUZETTE, *lisant.*

Nouvelle réglementation pour la circulation des autos dans New-York, nouvelle réglementation pour la hauteur des gratte-ciel.

L'ÉVÊQUE

Ah ?

SUZETTE, *lisant.*

Il serait absurde de limiter la hauteur des immeubles, car il est évident que la beauté d'un édifice se mesure à sa hauteur. Donc, plus une maison est haute, plus elle est belle...

L'ÉVÊQUE

C'est signé de qui ?

SUZETTE

C'est signé « un artiste », grand-père.

L'ÉVÊQUE

Ce n'est peut-être pas un bon artiste, mais c'est sûrement un bon Américain.

SUZETTE

Des avantages du protectionnisme... (On entend au dehors des bruits de crécelles et de mirlitons.) Oh ! ce tapage, ces gamins bruyants sont insupportables !

L'ÉVÊQUE

C'est demain la nouvelle année !

SUZETTE

C'est une chose qui arrive tous les ans, il n'y a pas de quoi se frapper. C'est égal, monseigneur, vous avez une rude veine de ne pas être un évêque catholique !

L'ÉVÊQUE

Pourquoi ?

SUZETTE

Parce que, si vous étiez un évêque catholique, vous n'auriez pas de petits-enfants. Vous n'auriez pas la chance de m'avoir, ni moi, ni mon frère Harry. Ça doit être triste pour les évêques catholiques de ne pas avoir de petits-enfants. Ils sont tout seuls.

L'ÉVÊQUE

Non. Ils ont tous les pauvres. Cette solitude est assez belle.

SUZETTE

Eh bien !... Moi je trouve qu'un évêque qui n'est pas marié, c'est inconvenant.

L'ÉVÊQUE

Les catholiques trouvent qu'un évêque qui est marié, c'est bien plus inconvenant encore. Allons, voyons ce journal.

SUZETTE, *reprenant le journal.*

Oh ! écoutez, vous n'aimeriez pas mieux un air de gramophone ? Ça va ?

L'ÉVÊQUE

Ça va... Où est ton frère Harry ? Il voulait me parler après le dîner d'une chose soi-disant très importante.

SUZETTE

Il est sorti un instant, il va rentrer. Quel disque voulez-vous ?

L'ÉVÊQUE

Il y a un air que la Patti chantait en 1848. Il n'y a que Verdi, vois-tu.

SUZETTE

Votre goût en musique est navrant... *(Elle met un autre disque.)* Enfin, je vais vous offrir un air encore plus démodé... mais celui-là est joli...

L'ÉVÊQUE

Ah ? de quel opéra ?

SUZETTE

Vous allez voir... *(Le gramophone joue l'air de Mignon : Connais-tu le pays.)* Eh bien ?

L'ÉVÊQUE, *détournant la tête.*

Oui... Oui... mais... ne joue pas ça, Suzy. Je sais que je suis ridicule, mais cet air-là me rend triste.

SUZETTE

L'air de *Mignon* ! Je croyais que vous l'adoriez !...

L'ÉVÊQUE

Oui, mais, mais... pas ce soir... pas ce soir... Ecoute, si tu mettais une chanson nègre ?

SUZETTE

Oh ! bon papa ! Un évêque de l'Eglise protestante ! Enfin !

L'ÉVÊQUE, *chantonnant, elle pose le disque.*

I love a lassie
A bonny Highland lassie...

SUZETTE, *se penchant sur le fauteuil de son grand-père.*

Monseigneur, vous êtes un cher vieux bébé. Vous êtes de bonne humeur ?

L'ÉVÊQUE

De très bonne humeur.

SUZETTE

Eh bien, tant mieux, j'ai besoin que vous soyez gentil, ce soir... j'ai quelque chose d'important, de grave à vous dire.

L'ÉVÊQUE

Ah !

SUZETTE

Il s'agit de mon frère.

L'ÉVÊQUE

Harry ! Je m'en doutais.

SUZETTE

Il est fiancé.

L'ÉVÊQUE

Fiancé !

SUZETTE

N'est-ce pas une bonne nouvelle !

L'ÉVÊQUE

Bonne ? Peut-être. Comment s'appelle cette jeune fille ?

SUZETTE

Oh ! elle a un très joli nom. Daisy Anderson. Et elle est ravissante... et blonde... et puis, c'est une artiste.

L'ÉVÊQUE

Une artiste comment ?

SUZETTE

Une vraie artiste. Quand ça serait ! Il y a aujourd'hui un tas de jeunes filles du monde qui, pour trouver un mari, entrent au théâtre, ça donne tout de suite envie de les épouser.

L'ÉVÊQUE, *à part.*

Une actrice !

SUZETTE

Mais c'est un amour, grand-papa. Son père est mort et il ne lui a pas laissé un sou ! Son influence sur Harry est merveilleuse... N'est-ce pas que vous ne serez pas méchant et que vous approuverez... Songez-y, grand-papa... c'est notre Harry.

L'ÉVÊQUE

Ma pauvre petite, il n'a jamais eu la tête bien solide.

SUZETTE

Comment pouvez-vous dire ça ? A l'Université, il a remporté sept matches de boxe !

L'ÉVÊQUE

Oui. A ce point de vue-là.

SUZETTE

Chut... j'entends la porte, c'est lui !... *(Elle saute du bras du fauteuil.)* N'est-ce pas ? Vous ne savez rien... je vous ai simplement préparé... N'allez pas me vendre ! C'est juré !...

L'ÉVÊQUE

C'est promis, une promesse d'évêque, ça vaut bien un serment.

SUZETTE

Enfin, parce que c'est vous !

Entre Harry.

SCÈNE II

HARRY, L'ÉVÊQUE, SUZETTE

HARRY

Bonsoir, monseigneur...

L'ÉVÊQUE

Bonsoir, Harry... Je crois que tu as à me parler. Je t'écoute.

HARRY

Bien, bon papa... *(Bas, à Suzy.)* F...-le-camp !

Harry fait signe à Suzette de s'en aller.

SUZETTE

Je reviendrai plus tard finir la lecture du journal, avant que vous ne vous couchiez... *(A Harry.)* Il ne sait rien... mais ne t'en fais pas... Il est au point !

HARRY

Merci, ma vieille !...

Elle sort.

SCÈNE III

HARRY, L'ÉVÊQUE

HARRY

Bon papa, c'est pour moi un moment très sérieux, solennel, décisif...

L'ÉVÊQUE

Veux-tu un cigare ?

HARRY

Je n'ai pas envie de fumer ce soir, grand-père.

L'ÉVÊQUE

Tu as raison. Ils sont moins bons que les tiens. Toi, tu fumes des cigares de petit-fils d'évêque, tandis que moi, je ne fume que des cigares d'évêque. Donne-moi du feu.

HARRY

Voilà, monseigneur ! *(Il allume son cigare.)* Bon papa, ce que j'ai à vous dire va vous causer une telle surprise, va être pour vous un tel choc... va vous sembler si extraordinaire !... Vous souriez. Oh ! ça, c'est trop fort ! vous savez tout...

L'ÉVÊQUE

Oui...

HARRY

Ah ! j'aurais dû m'en douter. C'est ma sœur, n'est-ce pas ? Il n'y a pas une femme fichue de garder un secret. Elles sont toutes pareilles.

L'ÉVÊQUE

Evidemment, avec ta longue expérience des femmes...

HARRY

Vous vous moquez de moi.

L'ÉVÊQUE

Non, Harry !

HARRY

J'aurais voulu être le premier à vous parler

d'elle... je ne voulais pas que quelqu'un vous parlât d'elle avant moi... c'est si agréable de parler d'elle !

L'ÉVÊQUE

Oui... oui... je comprends... tu l'aimes beaucoup ?...

HARRY

Si je l'aime !

L'ÉVÊQUE

Et c'est la plus belle jeune fille du monde, n'est-ce pas ?

HARRY

Comment le savez-vous ?

L'ÉVÊQUE

J'ai deviné.

HARRY

Et elle est si intelligente... Et elle a tant de talent et tant de qualités. Je l'ai rencontrée chez les Randall... vous savez, le peintre... Et elle vit toute seule dans une méchante pension de famille. Et tous les siens sont morts... et elle joue un rôle qui n'a que vingt lignes. Et elle n'est que du premier acte. Tout ça c'est d'une tristesse ! Alors, n'est-ce pas, pour la consoler, il faut que je l'épouse tout de suite, n'est-ce pas ? *(Silence de l'Evêque.)* N'est-ce pas ?

L'ÉVÊQUE

Je ne sais pas, Harry. Non, écoute, mon petit... Tu es si jeune... Tu es au début de la vie. Tu peux changer, si, si... Ce n'est pas seulement à toi que je pense, c'est à elle. Je crains que tu ne sois pas assez mûr pour prendre un pareil engagement.

HARRY

Oh ! évidemment, à quoi bon parler de tout ça... J'en étais sûr, pardi !... Ah ! si seulement papa et maman avaient vécu, eux comprendraient !

L'ÉVÊQUE

Oh ! ça n'est pas bien, mon petit Harry. Tu sais que, pour Suzy et toi, j'ai fait de mon mieux.

HARRY

Oui, je sais. Ce n'est pas ce que je voulais dire,

grand-papa, je vous demande pardon. Mais, vous comprenez, il y a si longtemps que vous avez été jeune, il y a si longtemps que vous avez eu vingt ans, alors, n'est-ce pas, ce n'est pas de votre faute, vous ne pouvez plus savoir comment c'était... Oh ! je ne dis pas ! Vous avez une grande sagesse, une grande psychologie. Vous comprenez des tas de choses que les autres ne comprennent pas. Comme évêque, vous êtes tout ce qu'on fait de mieux. Mais quand il s'agit d'amour... de jeunesse... de quelqu'un de ma génération. Enfin, je ne veux pas vous ennuyer plus longtemps.

Il va pour sortir.

L'ÉVÊQUE

Où vas-tu ?

HARRY

J'ai donné rendez-vous au pasteur Shork. Nous avons obtenu la licence aujourd'hui.

L'ÉVÊQUE

Harry ?... rentre... et ferme la porte.

HARRY

Mais...

L'ÉVÊQUE

Ferme la porte. Il fait froid.

HARRY

Oui... mais pourquoi ?

L'ÉVÊQUE

Si, je veux que tu m'écoutes. Après ça, tu iras voir le pasteur Shork si tu veux.

HARRY

Oui ?

L'ÉVÊQUE

Oui. Tu viens de me dire que j'étais trop loin de ma jeunesse pour m'en souvenir. Tu crois que je n'ai jamais eu vingt ans ! Si, je les ai eus, et je me souviens. Vois-tu, nous avons beau être vieux, nous avons beau être couverts de douleurs, de cendres et de poussière, nous conservons dans le fond de notre cœur un feu de jeunesse rebelle qui brûle encore, malgré tout.

HARRY

Monseigneur, je n'ai pas voulu vous faire de peine...

L'ÉVÊQUE

Tu ne m'en as pas fait, mon enfant. Mais tu m'as rappelé une chose que je croyais avoir oubliée, avoir presque oubliée. C'est une chose que je n'ai jamais dite à personne et je m'étais habitué à croire que je ne la dirais jamais. Que veux-tu, les temps changent et je ne prévoyais pas que j'aurais un jour un petit-fils qui serait si amoureux et que j'aimerais tant... Harry, veux-tu avoir la patience de m'écouter...

HARRY

Grand-père, je vous préviens... si c'est pour essayer de me faire changer d'idée au sujet de Daisy, ça, il n'y a rien à faire... *(L'Evêque fait un mouvement pour se lever.)* Qu'est-ce qu'il y a, grand-papa, vous voulez quelque chose ?

L'ÉVÊQUE, *pousse un petit cri de douleur.*

Ah !

HARRY

Vos rhumatismes...

L'ÉVÊQUE

Oh ! ne parlons pas de mes rhumatismes, mon enfant, ce n'est pas le moment. Tiens ! tu vois ce coffret sur mon bureau ? Prends-le et apporte-le-moi.

Harry prend un coffret en acajou sur le bureau

HARRY

Voilà.

L'ÉVÊQUE

Ouvre-le avec cette petite clé. Donne-le moi. Maintenant, éteins la lampe. Sais-tu ce qu'il y a dans ce coffret ?

HARRY

Non, monseigneur. Quoi ?

L'ÉVÊQUE

La romance... mon petit... le parfum de la romance.

Il retire du coffret un mouchoir.

HARRY

Quoi, grand-père, un mouchoir...

L'ÉVÊQUE

Un petit mouchoir. Des violettes. Elles sont jaunes et sèches maintenant... Dire que c'était des fleurs, ça !... Tout leur parfum est parti... Je suis un vieillard, Harry... et pourtant... ça va t'étonner... Il me semble que c'était hier... hier que j'avais vingt-cinq ans...

HARRY

Monseigneur, que voulez-vous dire ?

L'ÉVÊQUE, *éteignant la lampe sur le bureau, puis revenant à son fauteuil tenant toujours les fleurs et le mouchoir dans sa main.*

— Ecoute-moi... C'était il y a près de cinquante ans, cinquante ans, et j'étais jeune recteur de Saint-Gilles, tu sais. C'était bien avant que j'épousasse ta pauvre grand'mère, — que Dieu la prenne en sa grâce. Eh bien, Harry, une nuit... c'était une nuit d'hiver comme celle-ci... j'étais allé à une soirée chez un grand seigneur de chez nous... M. de Rochard. Et là, dans un éblouissement de fleurs, de bijoux et de crinolines... l'aventure a commencé...

Et, tandis qu'ils parlent, on entend au loin un vieil air de danse. Harry et l'Evêque, et toute la pièce disparaissent dans l'obscurité. La musique, peu à peu, augmente, les lumières reviennent, mais cette fois dans des candélabres de cristal, et c'est la vision du passé qu'elles éclairent...

RIDEAU

ACTE PREMIER

Une soirée chez le marquis de Rochard vers l'an 1867. Petit salon au premier. Au centre, l'escalier qui mène aux pièces inférieures. A gauche, une porte conduisant à la bibliothèque. En avant, à droite, s'entrevoit un divan légèrement tourné vers les spectateurs. A la tête du divan, un petit guéridon en marbre. A gauche, chaise tête-à-tête. Un siège le long de la balustrade qui entoure l'escalier. En avant, des lampes répandent une lueur douce qui contraste avec le brillant éclairage des pièces inférieures.

Scène très animée. La petite pièce est remplie de monde. En arrière, s'appuyant à la balustrade qui entoure l'ouverture de l'escalier, deux invités qui regardent les salons du bas. Près d'eux, un jeune homme flirte, cause et rit avec une jeune fille. Un autre couple traverse la scène, causant gaiement. Il descend l'escalier et disparait. Mrs Rutherford, assez jolie, minaudière, est assise à droite sur le divan. Auprès d'elle, miss Mary de Rochard, une jeune fille charmante, vêtue d'une délicieuse robe blanche. Elles écoutent Mr Putman, vieux beau. Il frise sa moustache et cause tout en affectant des airs languissants. Mrs Frolington, douairière opulente, toilette somptueuse, se tient à gauche, sur la chaise, tête à tête avec sa fille, jeune fille de dix-huit ans.

SCÈNE PREMIÈRE

UNE JEUNE FILLE, DE ROCHARD,
TROIS JEUNES HOMMES

UNE JEUNE FILLE

Que cette polka était sentimentale !

PREMIER JEUNE HOMME

Oui... J'adore ces danses nouvelles.

DEUXIÈME JEUNE HOMME

Comment trouvez-vous la soirée ?

PREMIER JEUNE HOMME

Blonde.

LA JEUNE FILLE

Ne dites pas de bêtises.

Ils descendent.

DE ROCHARD, *traverse la pièce et appelle un maître d'hôtel.*

Vous ouvrirez les fenêtres dans les salons d'en bas. On étouffe. Ah ! et puis, pour le concert, ajoutez des chaises volantes. Il n'y en a pas assez.

LE MAITRE D'HOTEL

Bien, monsieur.

De Rochard remonte.

PREMIER JEUNE HOMME

Vous descendez ? On commence à souper.

DE ROCHARD, *voulant allumer son cigare.*

Puis-je vous demander du feu, monsieur ?

DEUXIÈME JEUNE HOMME

Mais certainement. *(Il lui tend sa cigarette et continue à parler.)* Et il paraît que le souper est délicieux.

PREMIER JEUNE HOMME

Oh ! ça ne m'étonne pas. Chez Rochard tout est au point.

DEUXIÈME JEUNE HOMME, *voyant que de Rochard n'a pas allumé.*

Oh ! ça sera plus commode avec une allumette.

Il lui tend une boîte d'allumettes.

DE ROCHARD

Mille grâces...

TROISIÈME JEUNE HOMME

C'est tout de même le seul milliardaire qui ait du goût.

DEUXIÈME JEUNE HOMME

Et de l'esprit, dit-on ?

TROISIÈME JEUNE HOMME

Et de la bonne grâce, il paraît.

DE ROCHARD

Je vous demande pardon, messieurs, mais serait-ce indiscret de vous demander de qui vous parlez ?

PREMIER JEUNE HOMME

Mais de notre hôte.

DEUXIÈME JEUNE HOMME

De M. de Rochard.

DE ROCHARD

Pardon, encore une question... Vous êtes bien invités ici ?...

DEUXIÈME JEUNE HOMME

Il y a des chances, monsieur.

PREMIER JEUNE HOMME

Et vous ?

DE ROCHARD

Non, moi, je ne suis pas invité.

DEUXIÈME JEUNE HOMME

Comment ?

DE ROCHARD

Non ! Je suis chez moi !

PREMIER JEUNE HOMME

Oh ! monsieur de Rochard ! Oh ! excusez-nous ! *(Présentant son camarade.)* Monsieur Jeffries Versey. *(A Versey.)* Présentez-moi.

DEUXIÈME JEUNE HOMME

Mr Cornelius Barclay.

PREMIER JEUNE HOMME

Pardon, mais pourquoi nous demandiez-vous si nous étions invités ici ?

DEUXIÈME JEUNE HOMME

Est-ce que vous ne nous connaissiez pas ?

DE ROCHARD

Oh ! non ! c'est parce que je viens de vous surprendre disant du bien de moi... Alors, n'est-ce pas, quand on reçoit, on a si peu l'habitude... Mais je vous en prie, que le fait de me connaître ne vous empêche pas de continuer. Le souper est d'ailleurs servi.

PREMIER JEUNE HOMME

Mille grâces. *(En s'en allant.)* Il est beaucoup moins bien que je ne croyais.

DEUXIÈME JEUNE HOMME

Oui, c'est une sacrée déception.

Ils sortent.

DE ROCHARD

Au moins, ceux-là sont gentils.

SCÈNE II

DE ROCHARD, MISS STANLEY et VIRIEU
puis MARIE, puis TOM

MISS STANLEY, *suivie du comte de Virieu.*

Ah ! mon cher Eric, je me suis permis de vous amener le nouveau secrétaire de l'ambassade de France, le comte de Virieu, qui est votre cousin, paraît-il.

DE ROCHARD

Vous avez fort bien fait. Mais mon cousin comment ?

DE VIRIEU

Mon cher monsieur, les de Virieu et les de Rochard ont eu une alliance au XVIIe siècle. Pourquoi riez-vous ?

DE ROCHARD

Oh ! rien. C'est de vous entendre prononcer mon nom à la française. Alors, vous êtes mon cousin ?

MISS STANLEY

Ah ! Eh bien, sur ce, je vous laisse à vos effusions de famille.

Elle sort.

DE VIRIEU

Cher monsieur, voilà plus de cent ans que votre famille est installée ici ?

DE ROCHARD

Oui. Depuis la guerre de l'Indépendance. Mon aïeul, qui servait sous La Fayette, s'est épris d'une charmante Américaine qu'il a épousée. Comme il a tout de suite réussi dans les affaires, on a tout de suite oublié qu'il était Français. Il a fait souche, et voilà comment le marquis de Rochard est devenu M. d'Rochard.

DE VIRIEU

Et milliardaire... combien de fois ?

DE ROCHARD

Je m'informerai si vous voulez. Je n'ai pas compté.

DE VIRIEU

Enfin, c'est l'amour qui vous vaut d'être Américain.

DE ROCHARD

Ça a dû bien étonner l'amour. Vous savez, l'amour... aux Etats-Unis, l'amour...

DE VIRIEU

Oui... Vous n'avez guère le temps de vous en occuper.

DE ROCHARD

Oh ! moi, vous savez, je suis d'origine française. Et au fait, vous arrivez de Paris. J'adore votre ville. J'y retourne dès que je peux. J'ai d'ailleurs gardé quelques terres en France et une villa dans le Midi, la villa des Tamaris. Alors, parlez-moi de Paris en l'an de grâce 1867. Brillant ?

DE VIRIEU

Merveilleux ! L'Exposition universelle... Figurez-vous...

MARY, *entrant.*

Mon oncle... Oh ! je vous demande pardon.

DE ROCHARD, *présentant.*

Ma nièce Mary. Le comte de Virieu.

DE VIRIEU

Mademoiselle...

MARY

Vous n'avez pas vu Tom, mon oncle ? Tom Armstrong.

DE ROCHARD

Non, mais il est peut-être dans les salons du bas...

MARY

Il est près de onze heures. Enfin, je vais voir.

DE VIRIEU

Elle est charmante, votre nièce.

DE ROCHARD

Oui, mais bien inquiète. Pauvre petite... Elle a beaucoup d'amitié pour Tom Armstrong.

DE VIRIEU

Tom Armstrong, attendez... mais n'est-ce pas le recteur de Saint-Gilles ?

DE ROCHARD

Oui. Le pasteur de notre paroisse. Vous le connaissez ?

DE VIRIEU

Non... mais on m'en a beaucoup parlé. Il paraît que c'est quelqu'un de très bien.

DE ROCHARD

C'est un cœur d'enfant, mais une âme d'apôtre... Un sens du sacrifice, de l'abnégation, de la miséricorde. Ah ! c'est un bel exemplaire de notre race, vous savez. J'ai tenu à ce que, malgré son âge, il dirigeât notre paroisse. Et je ne m'en repens pas. Il a changé l'esprit des ouvriers, il se mêle à eux, il a organisé des conférences, des concerts, des meetings religieux, des matches de boxe.

DE VIRIEU

Hein ?

DE ROCHARD

Ah ! ça, à la boxe, il est de première force... Il y a huit jours, il a mis knock-out son vicaire, un hercule cependant, d'un swing à gauche sous le menton. Magnifique !

DE VIRIEU

Je suis toujours étonné que dans votre pays les pasteurs pratiquent la boxe et fassent la cour aux femmes.

DE ROCHARD

Evidemment, les pasteurs font la cour aux femmes, puisqu'ils se marient.

MARY, *entrant.*

Mon oncle ! Tom n'est pas là, et maintenant il est onze heures.

DE ROCHARD

Il va revenir, mon petit.
Elle remonte.

DE VIRIEU

Onze heures, mais alors nous ne tarderons pas à entendre la Cavallini.

DE ROCHARD

Mme Cavallini ? Oh ! pas encore, elle joue *Mignon*. Onze heures quatre, elle a fini son changement. Elle va entrer en scène pour le trois, pour le fameux duo qu'elle chante.

DE VIRIEU

Vous aimez beaucoup *Mignon* ?

DE ROCHARD

Mignon ? Oui. Mais d'ici là, je ne veux pas vous retenir. Vous devez danser.

DE VIRIEU

Dame, oui, je suis diplomate.

DE ROCHARD

Allez ! allez !

Sortie de Virieu.

MARY

Mon oncle... mon oncle, voilà Tom, et il est dans un état !

TOM, *entrant.*

Je vous demande pardon, monsieur de Rochard, je suis en retard.

DE ROCHARD

Bonsoir, Tom.

MARY

Et votre redingote !

TOM

Qu'est-ce qu'elle a ? Je la trouve très bien. C'est une petite redingote qui n'est pas la redingote de tout le monde.

MARY

Ça, vous pouvez le dire. Vous avez l'air d'un

essuie-plumes. Au bal, vous devriez mettre votre redingote neuve. N'est-ce pas, mon oncle ?...

DE ROCHARD

Vous avez raison, Tom. Vous avez beau ne pas être tiré à quatre épingles, vous êtes tout de même l'un des hommes les plus chic de ma soirée.

MARY

Enfin, vous auriez pu au moins vous brosser. D'où venez-vous encore ?

TOM

De chez la vieille Sullivan. On est venu me dire qu'elle était malade. Il y avait là quatre petites qui n'avaient pas de quoi manger. J'ai été m'occuper de tout ça.

DE ROCHARD

Vous êtes un brave cœur, Tom. A tout à l'heure.

Il sort.

MARY, *qui époussette depuis un instant Tom, lequel est assis.*

Tournez-vous un peu.

TOM

Ah ! mes pauvres ont besoin de tant de choses et c'est si urgent, et c'est si difficile de se procurer de l'argent. Je n'ose plus taper votre oncle, il faut quelquefois être charitable pour les gens qui font la charité.

MARY

Oui. Mais pas pour ceux qui ne la font pas. Il y en a deux, Mrs Frolington et Mr. Philipps, ils sont riches comme des puits et ils ne donnent pas un sou à la paroisse.

TOM

Et cependant, lui est vice-président des œuvres et elle vice-présidente des dames diaconesses.

MARY

Oh ! mais je ne vais pas les rater !

TOM

Ils sont si avares. Comment vous y prendrez-vous ?

MARY

Oh !... un peu de flatterie, un peu de mensonge, un peu de chantage, enfin tout ce qui décide à faire une bonne action.

TOM

Mary ! Vous êtes une sainte fille !

MARY

Et vous, un petit peu moins dégoûtant. Chut ! voilà mes victimes. Sauvez-vous !

SCÈNE III

MARY, PHILIPPS, Mrs FROLINGTON

PHILIPPS

Quelle boîte ! J'en ai assez de coudoyer tous ces gens-là... J'ai donné l'ordre qu'on m'apporte mon souper ici. Je souperai tout seul.

MRS FROLINGTON

Eh bien, et moi ?

PHILIPPS

Vous souperez toute seule aussi si vous voulez...

MRS FROLINGTON

Quelle soirée !

PHILIPPS, *l'interrompant.*

Chut ! Voilà la nièce.

MARY

Bonsoir, Mistress Frolington. Je vous cherche ainsi que Master Philipps.

MRS FROLINGTON

Bonsoir, ma belle enfant. Vous avez une robe un peu trop décolletée, mais charmante.

PHILIPPS

Le très jeune, le trop jeune pasteur Armstrong va bien ? Oui ? Allons, tant mieux ! Allons, tant mieux !

MARY

C'est justement de lui, enfin de ses pauvres, que j'ai à vous parler... Mr. Armstrong vient d'avoir une idée très ingénieuse. Au lieu de demander l'aumône pour ses pauvres, il a résolu de taxer chacun de ses paroissiens selon le chiffre de sa fortune. Ainsi vous, Mrs Frolington, voyez, vous êtes taxée à quinze cents dollars, et vous, Mr Philipps, à trois mille.

PHILIPPS

Il a pour moi une préférence marquée. Vous êtes trop aimable, mais je refuse...

MRS FROLINGTON

Moi aussi.

MARY

Alors les listes paraîtront sans vos noms demain matin dans les journaux.

PHILIPPS

Un instant ! Du moment que c'est un moyen de propagande... j'accepte.

MARY

Je savais votre bon cœur. Voulez-vous signer.

PHILIPPS

Déjà !

MRS FROLINGTON, *à Philipps.*

Vous d'abord, président.

PHILIPPS

Je n'en ferai rien !...

MRS FROLINGTON

Enfin ! Nous disons cinq cents.

MARY

Non !... quinze cents.

MRS FROLINGTON

Charmante soirée ! A vous, monsieur le président. C'est trois mille.

PHILIPPS

Trois mille dollars ! Je ne devrais jamais sortir le soir. Ah ! le crayon est cassé...

MARY

J'en ai deux autres.

PHILIPPS

Vous pensez à tout, enfin... voilà... mais ce n'est pas pour faire plaisir à votre pasteur.

MRS FROLINGTON

Ah ! mais non !

MARY

Oh ! ça lui fera plaisir tout de même. Je vous demande pardon... mon crayon !

PHILIPPS

Il faut aussi ?... Elle ne vous passe rien.

MARY

Merci, monsieur... merci, madame...

Elle se sauve.

MRS FROLINGTON

Elle est mal élevée, cette petite.

PHILIPPS

Et d'une indiscrétion...

MRS FROLINGTON

J'étouffe... je vais boire un verre de champagne. Et j'ai une faim !... Venez-vous ?

Un domestique entre avec un plateau.

PHILIPPS

Non. Voici précisément mon souper. Posez ça là.

MRS FROLINGTON

Mais je pourrais peut-être...

PHILIPPS

Il n'y a qu'une assiette. Ce ne serait pas convenable.

MRS FROLINGTON

Il n'y a qu'une assiette, mais il y a plusieurs plats...

PHILIPPS

C'est que j'ai faim.

MRS FROLINGTON

Au revoir, président.

PHILIPPS

Au revoir, très chère diaconesse...

SCÈNE IV

PHILIPPS, LE DOMESTIQUE, puis TOM

PHILIPPS, *au domestique qui va pour sortir.*

Psst !... Et le foie gras ? et le sorbet ? et la glace pour le champagne ? Il n'y a rien sur votre plateau !

LE DOMESTIQUE

Monsieur, je ne peux pas mettre plus. Si Monsieur avait voulu souper en bas comme tout le monde...

PHILIPPS

Je ne suis pas tout le monde. Je vous prie d'apporter le reste. Eh bien, qu'est-ce qu'il y a ?

LE DOMESTIQUE

Je vais chercher le nécessaire. *(Il sort)*.

PHILIPPS, *seul.*

Tout ce luxe, pour épater qui ?... *(Il avise une botte de cigares.)* Tiens, des cigares... Ce qu'ils doivent être mauvais !... *(Il tâte un cigare et regarde la bague.)* Non, celui-là va. *(Il en met trois ou quatre dans sa poche.)* Ah ! soupons... *(Il s'installe.)* Oh ! du homard ! Je parie qu'il est gâté ! *(Il y goûte.)* Non, il va, il va même très bien. Aussi on m'en a donné une toute petite portion. Quel foie ! Enfin !... *(Entre Tom.)* Ah ! vous voilà, master Armstrong... Vous me coûtez trois mille dollars.

TOM

Je sais, monsieur Philipps, et je vous en exprime, au nom de mes pauvres, toute ma reconnaissance.

PHILIPPS

C'est une somme énorme.

TOM

C'est le premier don que vous faites à l'Eglise, et j'espère que ce ne sera pas le dernier.

PHILIPPS

Il est un peu tôt pour en parler... *(On entend en bas répéter trois fois : « Hip ! Hip ! Hurrah ! »)* Intolérable ! C'est à vous couper l'appétit ! *(Il mange : « Hip ! Hip ! Hurrah ! »)* Vous entendez ça, monsieur le pasteur ?

TOM

Ces acclamations ? Mais oui. Elles témoignent d'une saine allégresse.

PHILIPPS

J'aime mieux croire à votre inconscience.

TOM

Je ne oomprends pas.

PHILIPPS

Vous ne comprenez pas qu'en ce moment M. de Rochard fait le tour des salons, ayant à son bras une femme à moitié nue, une courtisane. Et vous êtes là, un pasteur. Vous avez l'air de bénir le scandale.

TOM

Mais je ne comprends rien ! De qui s'agit-il ?

PHILIPPS

De la Cavallini ! De sa maîtresse !

TOM

Comment ?

PHILIPPS

Mais la Cavallini est sa maîtresse ! Tout le monde le sait.

TOM

Continuez...

PHILIPPS

Oui, je continue. Oh ! je n'en aurais pas dit un mot, s'il ne l'avait pas amenée ici ce soir, car de la discrétion, j'en ai à revendre, Dieu merci. Si je n'étais pas si discret, est-ce que je n'aurais pas commencé par vous raconter le passé de la Cavallini ? Savez-vous ce qu'elle est, pasteur ? Une ancienne chanteuse des rues. Mais je sais le jour exact où elle a planté là son amant, un guitariste napolitain, pour suivre un grand-duc à Saint-Pétersbourg. C'est alors qu'elle se fit enlever par le prince de Joinville, qui l'installa à Paris, où, quelques années plus tard, Napoléon III la remarqua et emprunta pour elle dix millions aux Rothschild. Un jeune poète anglais s'est tué à sa porte. Et si je vous racontais ce qui s'est passé avec le duc de Morny... et d'ailleurs ce qui se passe sur la Côte d'Azur, dans cette villa des Tamaris avec de Rochard... Enfin, mon cher, je n'en dirai pas davantage parce que je ne suis pas méchant, mais je voulais en venir à ceci : vous êtes le pasteur de M. de Rochard, vous avez le droit et même le devoir de l'éclairer sur le scandale qu'est sa conduite de ce soir.

TOM

Pardon, monsieur, vous avez fini ?

PHILIPPS

Oui.

TOM

Voulez-vous me permettre de vous poser quelques questions ?

PHILIPPS

Volontiers.

TOM

A qui est cette vaisselle plate sur laquelle vous venez de savourer ce pâté, ce foie gras et ces truffes ?

PHILIPPS

Hein ?

TOM

A qui est, ou plutôt était, ce champagne qui fut dans cette bouteille ?

PHILIPPS

Mais...

TOM

Et ce gros cigare avec cette grosse bague que vous choisissez dans votre poche parmi d'autres cigares avec les mêmes grosses bagues, ce qui me fait croire qu'ils viennent tous de la même grosse boîte... A qui est-ce tout cela ?

PHILIPPS

A notre hôte. Mais...

TOM

Mais... est-ce que ça ne vous paraît pas un peu gênant... d'accepter du bon Samaritain le pain, le sel et les cigares et de parler de lui de la sorte ?

PHILIPPS

A quoi voulez-vous en venir ?

TOM

A vous poser une dernière question. Vous estimez bien, n'est-ce pas, que le devoir d'un pasteur, lorsqu'il aperçoit un de ses fidèles dans l'erreur, est de le remettre sans ménagement dans la vérité ?

PHILIPPS

Ah ! vous y venez ?

TOM

Tout à fait. Alors, vous me permettrez de vous dire, monsieur Philipps, que vous êtes le plus lamentable personnage que j'aie jamais rencontré.

PHILIPPS

Qu'est-ce que vous dites ?

TOM

Que jamais la calomnie ne m'a paru plus vile ni plus odieuse que dans votre bouche.

PHILIPPS

Quoi ?

TOM

Et que jamais, sur les marches du temple, le pharisien le plus abject n'a tenu des propos aussi répugnants.

PHILIPPS

Ah ! ça, mais, dites donc, vous, dites donc... Qu'est-ce qui vous a permis...

TOM

Mais, vous-même. Ne suis-je pas votre pasteur, et n'ai-je pas le droit et même le devoir de vous éclairer sur le scandale qu'est votre âme de ce soir ?

PHILIPPS

Ah ! mais, à la fin...

SCÈNE V

LES MÊMES, DE ROCHARD

DE ROCHARD, *entrant.*

Eh ! quoi, messieurs, vous vous disputez ?

TOM

Oh ! non, non... M. Philipps et moi nous discutions un problème de morale.

DE ROCHARD

Vous feriez bien mieux d'aller entendre Mme Cavallini. Elle va commencer.

PHILIPPS

Vraiment ? En ce cas, je me retire, monsieur, car je préfère entendre cette demoiselle au théâtre que chez vous. On entend mieux. *(Il regarde Tom.)* Et c'est moins cher. Je vous salue, monsieur. *(Sortant.)* Quelle boîte !

SCÈNE VI

DE ROCHARD, TOM

DE ROCHARD

Le pauvre homme !

TOM

Cher monsieur de Rochard, je voudrais vous dire quelques mots assez importants, mais assez délicats.

DE ROCHARD

Mon cher Tom, je parie que je devine.

TOM

Ah !

DE ROCHARD

Il s'agit de Mary, n'est-ce pas, de ma nièce ? J'ai remarqué beaucoup de choses. J'en ai été ému et heureux.

TOM

Non, monsieur, excusez-moi en ce moment, c'est un conseil que je voudrais me permettre de vous donner.

DE ROCHARD

Un conseil ?

TOM

Je le regrette, mais je crois que c'est mon devoir.

DE ROCHARD, *allumant une cigarette.*

Asseyez-vous.

TOM

Non, merci, monsieur de Rochard. Il est déjà bien déplacé, après tout ce que vous avez fait pour moi à Saint-Gilles, d'oser vous présenter des observations. Alors il me semble que, si je vous les formulais étant assis, elles prendraient une impertinence que je voudrais leur enlever.

DE ROCHARD

Mais, mon cher Tom, il n'est pas de remontrance que votre habit n'autorise. Vous êtes mon pasteur, et puis je vous connais depuis votre enfance. J'aimais vos parents de tout mon cœur. Allons, grondez-moi, je vous en remercie déjà. Qu'est-ce que c'est ?

TOM

Eh bien, voilà, monsieur, voilà. Vous êtes si bon, tellement bon, que je crains parfois que vous ne soyez facile à circonvenir, que vous ne soyez la dupe de votre cœur, de votre esprit si noble et si généreux, de votre goût si vif pour les arts, pour tous les arts : la sculpture... la peinture, et j'ajouterai même la musique... Et, alors, j'ai peur qu'à votre insu certaines personnes n'abusent...

DE ROCHARD

A qui faites-vous allusion, Tom ?

TOM

Eh bien, par exemple, monsieur, êtes-vous sûr que cette Mme Cavallini, — c'est bien son nom, n'est-ce pas ? — mais êtes-vous sûr que cette personne soit très bien à sa place dans votre maison et que sa présence ne soit pas comparable à celle de l'ivraie dans la bonne moisson ?

DE ROCHARD

Ce n'est pas dimanche, Tom.

TOM

Oh ! monsieur, si humble qu'en soit l'interprète, il faut aussi écouter la voix du Seigneur pendant la semaine... Eh bien, je reprends : ne craignez-vous pas qu'en ouvrant vos portes toutes grandes à une étrangère, — surtout lorsqu'elle appartient à cette race latine qui a un penchant ancestral à l'immoralité...

DE ROCHARD

Quel âge avez-vous, Tom ?

TOM

Vingt-cinq ans !

DE ROCHARD

Que n'ai-je encore vingt-cinq ans ! Tout semble si simple quand on a vingt-cinq ans !

TOM

Oui, à la condition d'avoir des principes.

DE ROCHARD

Des principes ?

TOM

La notion du bien et du mal.

DE ROCHARD

Oui, j'ai eu cette notion-là autrefois.

TOM

Autrefois, monsieur ?

DE ROCHARD

Et puis, un beau jour, tout ça s'est un peu embrouillé et je n'ai plus su exactement où était ce qu'on appelle le bien et où était ce qu'on appelle le mal. Et... depuis lors, je n'ai jamais réussi à remettre un peu d'ordre dans tout ça.

TOM

Oh ! monsieur, ne blasphémez pas. S'il en était ainsi, comment auriez-vous traversé les épreuves de la vie ?

DE ROCHARD

Grâce à quelques talismans. J'espère bien les garder jusqu'au bout du voyage.

TOM

Des talismans ?

DE ROCHARD

Oui, d'abord, l'amour de la bonté ! La vie m'a appris à l'admirer, à la respecter, à l'aider. C'est pourquoi, mon cher Tom, vous êtes aujourd'hui recteur à Saint-Gilles.

TOM

Oh ! Monsieur, je sais que...

DE ROCHARD

Et puis... tenez... regardez... regardez... *(Prenant une statuette de Tanagra.)* Elle est sortie intacte des fouilles de Mycènes... Quelle audace, quelle grâce... quelle fraîcheur. Elle a deux mille ans. Deux mille ans ! La main qui l'a moulée est tombée en poussière. C'était une main païenne, mais divine... oui, j'aime la beauté, mon cher Tom...

TOM

Oui, mais...

On entend des éclats de rire.

DE ROCHARD

Et j'aime aussi la jeunesse. Alors, voyez-vous, quand on aime la beauté, la bonté et la jeunesse... On a tout de même quelques chances de rester un assez brave homme.

TOM

J'en suis sûr, monsieur, et, si je me suis permis tout à l'heure de parler de Mme Cavallini...

DE ROCHARD

Tom, si Mme Cavallini n'était pas digne de rencontrer mes amis chez moi, elle ne serait pas chez moi ce soir...

TOM

Ah ! je vous demande pardon, monsieur, je ne suis qu'une brute.

DE ROCHARD

Quoi ? Mais non...

TOM

Mais si, mais si, un idiot, un triple idiot. Quand je pense que j'ai été assez stupide, assez coupable pour prêter l'oreille aux médisances de cet imbécile et que tout à l'heure j'ai failli y croire ! Oh ! monsieur de Rochard, je ne sais plus quel est l'Américain qui a dit : « Calomniez, il en reste toujours quelque chose. » Eh bien, il avait raison, cet Américain !

DE ROCHARD

Ce n'est pas un Américain, Tom, c'est un Français.

TOM

Ça ne fait rien, il avait raison tout de même... Ah ! il y a des méchants.

DE ROCHARD

Mais non, il n'y a pas de méchants. Il y a des gens qui trouvent trop difficile de pratiquer la bonté, voilà tout.

TOM

Ah ! monsieur, comment pourrez-vous jamais me pardonner ?

DE ROCHARD

Mais il y a quelqu'un dont il faut obtenir le par don.

TOM

Qui cela ?

DE ROCHARD

Ma nièce Mary qui, depuis dix minutes, vous attend pour souper... Mais qu'est-ce qu'il y a donc ?

On entend un bruit de voix et de rires qui se rapproche et que domine une voix de femme. Rita Cavallini et les jeunes hommes qui l'entourent montent par l'escalier du fond.

RITA

Mais laissez-moi... laissez-moi... santa Virgina ! Je croyais qu'en Amérique les hommes étaient des glaciers, et puis c'est des Vésuves !

La Cavallini descend en scène entourée d'un groupe de jeunes gens. Elle se tient un instant en haut de l'escalier, tournant le dos au marquis de Rochard. C'est une petite femme souple et brillante, d'une sombre beauté italienne. Elle est vêtue de tulle garni de petites roses. Les cheveux de jais sont arrangés en boucles de chaque côté de la figure et trois longues boucles soyeuses tombent dans son dos très décolleté, à la Winterhalter. Sur sa tête est posée une couronne de petites roses. Elle porte de longues boucles d'oreilles en diamants. Une rivière de diamants au cou. Des diamants au corsage et aux mains. Elle tient un éventail et un bouquet piqué dans un porte-bouquet en filigrane. Elle zézaie à l'italienne. Elle a les gestes vifs et légers d'un oiseau. On entend une valse entraînante.

SCÈNE VII

LES MÊMES, LA CAVALLINI, TROIS JEUNES HOMMES, puis TOM

PREMIER JEUNE HOMME

Mais c'est ma valse !

DEUXIÈME JEUNE HOMME

Ah ! permettez, c'est la mienne, vous me l'avez promise, madame.

TROISIÈME JEUNE HOMME

Pardon ! pardon ! C'est la mienne. C'est mon nom qui est sur votre carnet de bal.

PREMIER JEUNE HOMME

Ah ! par exemple ! Mais c'est la mienne.

TROISIÈME JEUNE HOMME

C'est la mienne.

DEUXIÈME JEUNE HOMME

Madame !

RITA

Ah ! mais, quel cyclone ! Piano... Piano...

PREMIER JEUNE HOMME

Mais c'est votre faute... Pourquoi êtes-vous si jolie ?

RITA

Ma faute à moi ? Pauvre petite moi ! Si simple, si modeste, si inaperçue !

PREMIER JEUNE HOMME

Vous êtes éclatante !

DEUXIÈME JEUNE HOMME

Merveilleuse !

TROISIÈME JEUNE HOMME

Les autres ne comptent pas !

RITA

Ecoutez, je vais faire quelque chose pour vous.

PREMIER JEUNE HOMME

Quoi ?

DEUXIÈME JEUNE HOMME

Qu'est-ce que c'est ?

TROISIÈME JEUNE HOMME

Dites vite...

RITA

Tenez, vous voyez ce camélia si beau, si rose, si rose... Celui qui l'attrape, après le bal, je danserai le cotillon avec lui.

PREMIER JEUNE HOMME

Donnez !

RITA

Un, deux.

TROISIÈME JEUNE HOMME, *à l'un de ses camarades.*

Tu triches.

RITA, *qui vient de lancer le camélia par-dessus la balustrade.*

Il est parti ! Disparu ! Vite ! Courez... *(Les jeunes gens se précipitent dans l'escalier.)* Oh ! mais pas comme ça. Santa Maria ! On ne joue pas au foot-ball avec un camélia. Oh ! comme ils sont comiques ces...

Elle s'arrête subitement en apercevant Tom qui est resté immobile et qui ne l'a point quittée des yeux. Elle le regarde. Un temps. Tom passe rapidement près d'elle, la tête baissée et sort. Elle le suit des yeux.

SCÈNE VIII

DE ROCHARD, RITA

DE ROCHARD

Ma chère, vous avez un succès !

RITA, *qui suit Tom des yeux.*

Mio caro ! Quel est ce jeune homme ?

DE ROCHARD

Tom Armstrong, c'est notre clergyman.

RITA, *ne comprend pas.*

Clergyman ?

DE ROCHARD

Oui... un recteur... un abbé...

RITA

Ah ! c'est donc ça que...

DE ROCHARD

Quoi donc ?

RITA

Je ne sais pas... quelque chose dans ses yeux...

DE ROCHARD

Oh ! il n'a jamais dû voir une femme comme vous dans toute sa vie.

RITA

Non, mais ! Oh ! mon cher, comme c'est triste pour lui. Les clergymen sont beaux dans votre pays.

DE ROCHARD

Vous trouvez ?

RITA

Il me donnerait envie de me convertir à votre épouvantable religion.

DE ROCHARD

Epouvantable ! Pourquoi ?

RITA

Mais parce que dans votre religion il n'y a pas de la musique, il n'y a pas de l'encens, il n'y a pas de la confession... le péché devient inutile... Ce n'est pas une religion... seulement les clergymen sont beaux.

DE ROCHARD, *riant, la prend dans ses bras.*

Cher petit singe, va !

RITA, *les yeux à demi fermés.*

Ce grand Américain, il aime sa petite amie ce soir ?

DE ROCHARD

Le moyen de ne pas l'aimer ?...

RITA

Alors, s'il l'aime...

DE ROCHARD

Eh bien ?

RITA

Pourquoi ne l'embrasse-t-il pas ?

DE ROCHARD

Ma chérie !

Il l'embrasse.

RITA, *se séparant brusquement de lui.*

Ah ! Dio mio ! Et moi qui oubliais !...

DE ROCHARD

Ne t'en vas pas.

RITA

Moi qui oubliais que je suis furieusement fâchée.

DE ROCHARD

Pas contre moi ?

RITA

Si... si...

DE ROCHARD

Pourquoi ?... Qu'ai-je fait ?

RITA

Vous le savez... tu le sais.

DE ROCHARD

Je vous jure que non.

RITA

Tu mens comme un lazzarone de mon pays. Tu m'as traitée très mal, ce soir, d'une façon impardonnable.

DE ROCHARD

Comment ! Je vous invite chez moi, je vous présente à tous mes amis, à la société la plus distinguée... et d'ailleurs la plus embêtante de New-York. C'est ça que vous vouliez ?

RITA

Vous m'avez invitée comme une artiste, pas comme une femme du monde.

DE ROCHARD

Vous êtes absurde, voyons !

RITA

Absurde ! Alors, pourquoi me forcez-vous à chanter ? Ah ! ce n'était pas comme ça à la villa des Tamaris... Je n'étais pas une chanteuse de l'Opéra, là-bas... J'étais la regina.

DE ROCHARD

C'était là-bas.

RITA

Vous étiez plus gentil, plus en train, plus allegretto.

DE ROCHARD

Le soleil m'avait rendu la jeunesse... et puis je suis revenu ici et j'ai retrouvé mon âge.

RITA

Ah ! vous ne pensez qu'à votre âge !

DE ROCHARD

Etes-vous sûre que je sois seul à y penser ?

RITA, *lui prend le bras.*

Ah ! que vous êtes ennuyeux !

DE ROCHARD

J'ai cinquante et un ans aujourd'hui, vous savez. *(Instinctivement elle fait un mouvement.)* Vous voyez, ça vous effraie.

RITA

Ah ! comme vous êtes agaçant !

DE ROCHARD

Je suis surtout très lâche. Quand je vous vois adulée, fêtée, quand je vous vois si jeune, entourée de tant de jeunesse, je sais bien ce que je devrais vous dire. Ah ! si j'avais encore un peu de courage, ce serait tout de même moins triste pour moi de vous le dire le premier.

RITA

Je ne comprends rien, mio caro.

DE ROCHARD

Rita...

RITA

Quoi ?

DE ROCHARD

Si nous décidions que ce soir sera le dernier soir de notre amour ?

RITA

Ah ! c'est donc ça !

DE ROCHARD

Oui, ce soir, ça vaudrait mieux.

RITA

Ce soir...

DE ROCHARD

Je suis votre ami, ma chérie, je le serai toujours, mais déjà je commence à vous décevoir... Si, si. Je crains de vous décevoir de plus en plus. *(Un temps.)* Regarde mes cheveux, il n'y en avait pas de gris l'an passé. Et maintenant... et l'année prochaine, il y en aura davantage... à moins que d'ici là ils ne soient tous redevenus noirs, ce qui serait encore plus triste.

RITA, *nerveuse.*

Oh ! ne me parlez pas, ne parlez pas comme ça !

DE ROCHARD

Oh ! Dieu sait que je ne me plains pas ! J'ai vécu ma vie et elle a été très douce. Pendant trois ans, vous m'avez donné mon dernier bonheur. Oh ! j'ai encore quelques belles journées, mais elles seront de moins en moins claires... Et puis la nuit viendra et il sera temps de dormir. Mais toi, grands dieux ! Ta vie ne fait que commencer. Tu portes le matin dans tes cheveux comme une couronne. Va ! ne gaspille pas ton printemps avec un vieux bonhomme comme moi !

RITA, *froidement.*

C'est bien !

Elle s'éloigne en sifflotant.

DE ROCHARD

Je ne vous ai pas fâchée ?

RITA

Un de plus... une liaison finie... le dernier soir de notre amour, comme vous dites... un de plus ! che m'importe !

Elle respire ses fleurs.

DE ROCHARD

Rita !...

RITA, *elle pleure.*

Che m'importe !

DE ROCHARD

Rita, Rita, ma petite Rita... ce n'est pas à cause de moi ? Ce n'est pas à cause de ce que je vous ai dit ?

RITA

Non, non...

DE ROCHARD

Mais alors, quoi ? Qu'y a-t-il ?

RITA

Eh ! il y a si longtemps qu'on me quitte... et que je quitte !

DE ROCHARD

Rita !...

RITA

Et c'est comme ça depuis mon premier beau roman d'amour. Il est tellement beau que je n'ai pas osé vous le raconter.

DE ROCHARD

Rita...

RITA

C'était à Venise. Je venais d'avoir seize ans. Je jouais de la guitare avec les serenata, vous savez, ces petites troupes de pauvres diables qui déambulent en chantant sous les fenêtres des grands hôtels. Ah ! Madona come sombra lentano ! Un jour, un jeune homme s'est joint à nos serenata, Beppo, oui, il s'appelait comme ça... Il était beau, sa voix était jolie, oh ! une voix très légère, vous savez, mais cosi sympatic, nous chantions des duos et, chaque fois qu'il me souriait, le monde me paraissait tout neuf. Un soir, il vint avec moi dans ma petite chambre et il me dit des choses très douces, inconnues... en me tenant serrée contre lui et en m'embrassant. Et puis, il s'endormit comme un enfant fatigué. Mais, moi, je ne dormais pas. Je me demandais : « Est-ce ça que les gens appellent l'amour ? » Au matin, un petit morceau de clair de soleil glissa par ma petite fenêtre, taquina Beppo et le réveilla. Il me prit dans ses bras, m'embrassa et me dit : « Ah ! Rita, come ti amo. » Et l'amour que j'avais attendu toute la nuit, il est venu avec le jour.

DE ROCHARD

Et vous avez connu le plus grand bonheur de ce monde ?

RITA

Vous croyez ? Douze heures plus tard, douze heures, il me vendait à un étranger, oui, pour cinquante lires. D'abord, j'ai cru mourir... oui, de douleur... Et puis... j'ai réfléchi, j'ai compris, et j'ai ri, ri d'avoir été assez folle pour avoir pu croire, même douze heures, que l'amour ça existait. Ah ! l'amour, il n'y a pas d'amour.

DE ROCHARD

Vous avez beaucoup souffert, Rita ?

RITA

Oh ! pourquoi parler de toutes ces mauvaises choses... des fumées... Tenez, je les chasse... pouf ! pouf !... *(Elle souffle la fumée.)* Il n'y en a plus, elles sont toutes parties... *(De Rochard la regarde fixement.)* Eh bien, à quoi pensez-vous ?

DE ROCHARD

À vous.

RITA

Vous êtes le meilleur de tous les hommes.

DE ROCHARD

Oh !

RITA

Si, si. Et je l'ai tout de suite deviné, et ça, le premier soir où je vous ai rencontré à un souper chez Rossini, et vous m'avez regardée, tenez, comme vous le faites en ce moment. Oui, j'aime ce regard-là. Venez ici. Viens ici. Vous allez me dire une chose... je veux.

DE ROCHARD

Laquelle ?

RITA

Vous allez me dire, je n'ai pas cinquante et un ans.

DE ROCHARD

Je n'ai pas cinquante et un ans.

RITA

Mieux que ça !

DE ROCHARD

Je n'ai pas cinquante et un ans.

RITA

Mieux.

DE ROCHARD

Je t'adore.

RITA

Tu vois bien qu'entre nous deux ce n'est pas tout à fait fini.

DE ROCHARD

C'est vrai ? Ah ! je n'ose pas y croire !

RITA

Ecoute. Nous ferons ensemble notre belle promenade en voiture, demain à quatre heures. Vous voulez bien, monsieur ?

DE ROCHARD

Madame, ce sera pour moi un grand bonheur !

RITA

Monsieur, c'est moi qui suis ravie et je vais te dire quelque chose.

DE ROCHARD

Quoi ?

RITA

Je t'aime énormément.

DE ROCHARD

Ma chérie... Eh bien, dès que Capoul aura chanté nous entendrons le Rossignol.

RITA

Jusque-là, le Rossignol va se reposer. Ah ! et puis, envoie-moi du vin très rouge et du jus de citron.

DE ROCHARD

Oh ! quelle horreur !

RITA

C'est ce que boivent toujours les rossignols quand ils sont fatigués. A tout à l'heure.

DE ROCHARD

A tout à l'heure.

Il sort. On entend la valse qui continue, s'arrête et reprend pendant la scène. Tom, entr'ouvrant la porte de la bibliothèque, va pour sortir sans voir Rita qui ouvre les yeux. Lorsque Tom va sortir, elle pousse un soupir. Tom se retourne vers Rita, regarde si elle dort, s'approche doucement et la contemple. Rita, faisant toujours semblant de dormir, fait tomber un petit châle qu'elle a sur les pieds. Tom, effrayé d'être surpris, recule rapidement, se rassure à la voir dormir, ramasse le châle, le repose sur les pieds de Rita et va pour sortir.

SCÈNE IX

RITA, TOM

RITA, *au moment où Tom va franchir la porte.*

Merci...

TOM

Hein ?... Madame... pardon... vous ne dormiez pas ?

RITA

Oh ! profondément.

TOM

Je suis désolé, je vous demande de m'excuser.
Il va pour sortir.

RITA

Vous êtes pressé ?

TOM

Enfin ! non... non...

RITA

Vous partez ?...

TOM

Enfin... oui, oui...

RITA

Vous tenez à sortir subito ?

TOM

Enfin, enfin, non.

Il ne bouge pas.

RITA

Alors, pourquoi vous restez comme oune factionnaire ?

TOM

Mais...

RITA

Venez plus près.

TOM

Vous êtes bien sûre que je ne vous dérange pas, madame ?

RITA

Mais non. Asseyez-vous.

TOM

Je... je vous remercie.

Il va s'asseoir à l'autre bout de la scène.

RITA

Pourquoi vous vous asseyez si loin... si loin... à l'horizon ?

TOM

Je... je ne sais pas... C'est un hasard...

RITA

Vous avez peur de moi... Je ne veux pas vous endommager. S'il vous plaît, venez sur ce pouf.

Elle lui désigne un pouf.

TOM

Vous êtes tout ce qu'il y a de plus aimable...

RITA, *se retournant sur le divan et soupirant*

Multo sympatica.

Elle le regarde, sourit. Silence.

TOM, *au supplice, ne sait pas comment se mettre, change de position, puis, brusquement, se lève et dit.*

Mon nom est Mr Armstrong.

RITA, *riant.*

Pourquoi vous me dites ça ?

TOM

Pour dire quelque chose, et puis c'est plus convenable.

RITA

Armstrong... Mais le petit nom... Attendez... ne le dites pas... Ecco ! Je l'ai ! Teem !

TOM, *vexé.*

Mais non, pas Teem ! Teem, c'est irlandais... Tom !

RITA

Tomé ?

TOM

Non, pas Tomy... Tomy, c'est dans les nurseries... Tom !

RITA, *l'imitant.*

Tom... c'est bien... Tom... Tom... Dio mio ! quel nom ridiculo !

TOM

Ah ! mais ce n'est pas mon vrai nom. Mon vrai nom est plus joli, c'est Thomas.

RITA

Si. Eh bien ! J'aime encore mieux Tom.

TOM

C'est une affaire de goût.

RITA

Et vous êtes ?

TOM

Je suis le recteur de l'église de Saint-Gilles, madame...

RITA

Recteur...

TOM

Oui, j'en suis le ministre... le clergyman.

RITA

Oh ! Clergyman... j'avais oublié... Oh ! mais oui, vous êtes un petit curé américain !

TOM

Oh ! pardon...

RITA

Oh ! tanto sympatico tout de même. Et saint Gilles, qu'est-ce que c'était ? Un autre petit curé américain aussi ?

TOM, *sévère.*

Saint Gilles, madame, est une des figures les plus importantes de la grande histoire de l'Eglise anglicane.

RITA

Oh ! comme c'est amusant ! Nous n'avons jamais entendu parler de lui en Italie.

TOM

Vous êtes Italienne ?...

RITA

Je pense qu'on l'entend, je fais tant de fautes.

TOM

Oh ! pas du tout, madame... Je dis madame... Car vous êtes probablement mariée ?

RITA

Non.

TOM

Ah ! vous êtes jeune fille ?

RITA

Oui.

TOM

J'hésitais à cause de ces diamants. Sans doute un héritage ?

RITA

Ce sont plusieurs héritages.

TOM

Eh bien, mademoiselle, je suis très content. Oui, je m'en accuse, au premier moment, j'ai pensé que vous étiez une de ces chanteuses de l'Opéra italien...

RITA

Quelle folie ! Qui sait, vous avez peut-être cru que j'étais la Cavallini ?

TOM

Oh ! ça non !... Oh ! ça non... Je n'ai pas été jusque-là.

RITA

Pourquoi ?

TOM

Je sais que c'est une très grande artiste, mais, enfin, il y a tout de même des confusions qu'on ne fait pas... Pourquoi riez-vous ?

RITA

Pour rien... Vous n'avez jamais vu cette Cavallini ?

TOM

Jamais. Je le regrette.

RITA

Oh ! ne regrettez rien, vous ne perdez rien ! Quelle créature !

TOM

Comment ?

RITA

Elle est grasse, soufflée. *(Elle arrondit les bras.)* Comme ça !

TOM

Que me dites-vous là ? Vous êtes sûre ?

RITA

Comme si c'était moi... Oh ! d'ailleurs, elle est tellement vorace ! Elle engloutit douze kilogrammes de macaroni par jour.

TOM

Oh !

RITA

Et laide ! Oh ! Madona ! Comme cette fille est laide !

TOM

Voyons, mademoiselle...

RITA

Je vous dis qu'elle est affrosa, difformosa...

TOM

Mais je m'étonne que vous disiez cela, mademoiselle, car tout le monde assure, au contraire...

RITA

Ecoutez ! Je la connais bien ! Elle a un œil qui regarde Napoli et l'autre qui regarde Firenze. Et avec ça elle n'a pas de nez. Zuste un petit pois dans une mappemonde. C'est un être apocalypetique et tellement...

TOM

Oh ! mademoiselle, non, ce n'est pas bien...

RITA

Vous dites ?

TOM

Je dis que ce n'est pas bien et que c'est un péché de parler sans charité de son prochain. Si cette

Mlle Cavallini vous avait entendue, songez à sa peine, à son humiliation.

RITA

Oh ! ces femmes-là n'ont pas du tout d'humilité...

TOM

Vous n'en savez rien. Vous êtes sœurs aux yeux de Dieu. Oh ! cela vous fait rire !

RITA, *riant.*

C'est l'idée que yé puis être sœur de la Cavallini... Le bon Dieu y peut tout, mais il ne peut pas cette chose...

TOM

Oh ! quelle impiété ! Et combien votre moquerie est sans miséricorde. Vous qui devez être si généreuse.

RITA

Hé ! qu'en savez-vous si yé le souis ou si yé le souis pas ?

TOM

Ah ! je suis sûr. Tout le révèle en vous : votre regard, votre voix, votre jeunesse, et tenez... votre gaieté. Vous êtes bonne, je suis certain.

RITA

Et moi, yé vous dis que yé souis méchante !

TOM

Si vous étiez méchante, vous ne diriez pas ça...

RITA

Hé ! mais vous êtes subtil pour un petit curé américain !

TOM

Alors, avouez-moi, — ce sera bien, — avouez-moi que vous regrettez ce que vous avez dit de la Cavallini.

RITA

Ye ne regrette rien du tout.

TOM

En ce cas, mademoiselle, je vous demande la permission de m'éloigner.

RITA

Bona sera.

UN VALET

C'est la boisson, madame.

RITA

Merci. *(A Tom qui va pour sortir.)* Monsieur le pasteur, per favor, voulez-vous débarrasser le guéridon ?

TOM

Oui, mais oui.

Il avance le guéridon. Le valet y dépose le plateau et sort. Tom se dirige de nouveau vers la porte.

RITA

Oh ! Monsieur le pasteur... per favor, voulez-vous découper et presser le limon ?

TOM

Quoi ? Volontiers. *(Il coupe le citron.)* Mademoiselle.

RITA

Quelle vigueur de la main ! Vous faites du sport ?

TOM

Oui, mademoiselle.

RITA

Vous avez la main dorée par le soleil, comme une pêcheur de Napoli.

TOM

C'est possible, mademoiselle. C'est tout, mademoiselle ?

RITA

Oui ! *(Fausse sortie de Tom.)* Monsieur le pasteur, c'est très mal fait, per favor, vous avez laissé tomber les pépins. Voulez-vous retirer le pépino ?

TOM

Je vous demande pardon, je n'ai pas une grande habitude.

RITA

Si... Voilà... c'est bien... Et, maintenant, je vous remercie et je vais vous dire une chose : ye regrette de tout mon cœur ce que yé dit de votre Cavallini.

TOM

Ah ! Mademoiselle, voilà la belle, la bonne parole que j'attendais. J'en suis très heureux, j'en suis même très ému. La voix du juste elle-même est moins touchante que celle du pécheur qui regrette son erreur. Vous venez d'être si repentante, si sincère, si...

RITA

Et ye suis surtout si adroite... *(Versant gaiement le liquide d'un verre dans l'autre.)* Regardez... comme je fais cela d'une façon resplendissante. Quelqu'un qui m'aimait beaucoup m'a appris ça... Oh ! quento difficile ! Il faut des jolies mains, des ongles roses et de la maestria... J'ai tout ça. Vous ne trouvez pas ?

TOM

Mais certainement.

RITA

Vous aimez qu'une femme ait de jolies mains ?

TOM

Mais certainement...

RITA

Et vous trouvez que les miennes sont zolies ?

TOM

Ah ! certainement !

RITA

Qui poverino ! Il faut vous arracher tous les mots ! Ecco ! Celui-là, c'est pour la dame, celui-là, pour le monsieur.

TOM

Merci. Je ne m'adonne pas aux boissons fortes.

RITA

Même quand c'est moi qui l'offre ? *(Elle lui tend le verre en souriant. Il le prend.)* Ah ! à la bonne heure ! A la santé de qui allons-nous boire ?

TOM

Je ne sais pas.

RITA

A votre santé, ce ne serait pas zentil pour moi. A la mienne, ce ne serait pas zentil pour vous.

TOM

Nous pourrions boire à notre santé.

RITA

Oh ! c'est ça. Regardez-moi bien en face, fixement, tout au fond, et moi ze vous regarderai comme ça aussi. Et moi je boirai aux choses que je lis dans vos yeux, et vous boirez aux choses que vous lisez dans les miens.

Un temps. Elle le regarde avec un sourire mystérieux. Il ne peut détacher son regard du sien. Ensemble et lentement ils lèvent leurs verres jusqu'à leurs lèvres et boivent les yeux dans les yeux. D'en bas, on entend doucement les voix chantant le sextuor de Lucie *avec accompagnement d'orchestre.*

TOM, *très troublé.*

Madame... qui êtes-vous ? Je ne comprends pas...

RITA

Qui je suis ?

TOM

Comment vous appelez-vous, madame ?

RITA

Pourquoi me le demandez-vous ?

TOM

Parce que je veux vous revoir encore, — et encore, — et que je veux vous demander un million de choses auxquelles je n'avais jamais pensé avant ce soir... Je veux vous connaître jusqu'au fond de l'âme... Je veux...

RITA

Vous voulez trop, poverino.

TOM

Oui, je veux... et cela sera...

RITA

Chut ! pas tant de bruit ! Venez ici !... *(Ils sont près du divan.)* Mettez-vous à genoux. *(Il obéit.)* Oui... comme ça... Approchez-vous... plus près... pour qu'on puisse parler tout bas... Regardez mes violettes si tendres, si fraîches et si belles. Vous les voyez ? Eh bien, combien de temps croyez-vous que leur douceur peut vivre ?

TOM

Longtemps si vous les traitez bien.

RITA

Maintenant, regardez. *(Elle arrache les fleurs par poignées.)* Je les presse contre mon visage et mon cou. Je sens leur fraîcheur sur mes yeux, sur mes cheveux, et je bois leur arome comme un vin nouveau.

TOM

Mais vous les écrasez, madame.

RITA

Qu'est-ce que ça fait ? Elles ont connu mon baiser et elles étaient nées pour mourir... *(Elle en prend une poignée et lui en couvre le visage.)* Et maintenant je les jette... respirez-les. Ne vous attristez point sur ce qui doit arriver... Aimez-les, c'est tout ce qu'elles demandent. *(Elle lui donne la dernière poignée et lui montrant le porte-bouquet.)* Il ne m'en reste plus une seule... Vous comprenez ?

TOM

Mais ?...

RITA

Cette soirée, notre rencontre... leurs souvenirs... Ce sont ces violettes... c'est ça... c'est tout...

TOM

Laissez-moi en garder une ou deux.

RITA

Non, ce n'était pas leur destinée. Elles n'ont fleuri que pour un soir.

TOM

Je sais. Mais je voudrais essayer.

Un silence. Elle les regarde et secoue la tête.

RITA

Ah ! comme vous êtes jeune ! *(Elle ramasse quelques fleurs et les met à sa boutonnière tandis qu'il est toujours à genoux près d'elle.)* Là... je voudrais...

TOM

Qu'est-ce que vous voudriez ?

RITA, *très simplement et comme une enfant.*

Je voudrais connaître des fleurs qui ne meurent pas. *(Un silence et, soudain, il saisit ses mains et les baise avec passion. Rita, essayant de se lever.)* Non... non... cessez... que faites-vous ? *(Elle se dégage au moment ou de Rochard paraît sur l'escalier. Il s'arrête et les regarde. Un silence.)* Ah ! c'est vous !

SCÈNE X

LES MÊMES, DE ROCHARD

DE ROCHARD

Etes-vous prête, madame ?

RITA, *à Tom.*

Oui ! Je vous remercie, monsieur, d'avoir bien voulu me tenir compagnie. Au revoir.

Elle le salue, prend ses gants, son éventail et se prépare à sortir.

TOM, *très ému.*

Mais je veux vous revoir !

RITA

En êtes-vous sûr ?

TOM

Oh ! oui... oui...

RITA

Tout à fait sûr ?

TOM

Oui.

RITA

Alors, voulez-vous venir me voir demain. Je suis toujours chez moi vers les quatre heures, hôtel Brévort. C'est par là, vous savez, très loin.

TOM

Oui, oui...

DE ROCHARD

Et notre rendez-vous à nous, madame, que devient-il ?

RITA

Ah ! oui... ce rendez-vous. Eh bien... il est... comment dites-vous ?

DE ROCHARD

Remis.

RITA

Remis.

De Rochard salue. Rita se dirige vers l'escalier.

TOM, *qui ne l'a pas quittée des yeux, fait un pas vers elle.*

Madame... Madame... Excusez-moi, mais vous ne m'avez pas dit votre nom.

RITA

Oh ! c'est vrai ! Que je suis étourdie ! Voulez-vous le lui dire, monsieur de Rochard ?

Elle leur adresse à tous les deux le plus correct des adieux et des sourires et, comme elle va descendre l'escalier, elle laisse par mégarde tomber son mouchoir. Un murmure qui monte et qui se change en violents applaudissements l'accueille. Elle sourit, de la main envoie des baisers à la foule invisible, puis disparaît. Un temps. De Rochard allume un cigare. Tom, qui a suivi Rita des yeux, s'avance lentement vers le haut de l'escalier, aperçoit le mouchoir et le ramasse. Il le retourne dans ses doigts... Il aperçoit les initiales dans le coin du mouchoir. Il les regarde intensément, puis se tourne avec anxiété vers de Rochard. En bas, l'orchestre a attaqué.

DE ROCHARD, *gentiment.*

Alors, c'est vrai, vous ne saviez pas qui elle était ?

TOM, *très lentement.*

Non, non...

Tom va lentement à la balustrade et regarde tristement en bas. De Rochard le regarde avec mélancolie, tandis que le rideau tombe.

RIDEAU

ACTE DEUXIÈME

C'est l'après-midi de la nouvelle année. Le studio du recteur de Saint-Gilles, dans une charmante vieille maison spacieuse de New-York, dont la vue donne sur une rue tranquille.

Le studio est une chambre carrée. A gauche, se trouvent deux fenêtres avec de lourdes tentures un peu passées, sur lesquelles sont des branches de houx, attachées avec des rubans pourpres.

Au fond, se trouve une double porte donnant sur l'antichambre. D'un côté, pend le cordon de la sonnette. Au-dessus de la porte, une longue rame, et par-dessus, la tête d'un élan.

A droite, la cheminée de marbre blanc, un grand feu. Sur la cheminée des coupes d'argent, des médailles dans leur écrin ouvert, une vieille pendule et deux beaux candélabres.

Au-dessus de la cheminée, une grande gravure de métal du *Saint-Jean* de del Sarto. Au mur pendent des gants de boxe.

Au fond, sur des étagères, de bons et pieux livres poussiéreux. Au-dessus de ces étagères, quelques gravures de vieux maîtres. Dans un coin, se trouve un petit cabinet ancien, avec des rayons vitrés et des tiroirs.

En face des fenêtres, une grande et lourde table-bureau sur laquelle se trouvent une lampe, une carafe et un verre, un nécessaire de bureau, des livres, un poignard dans un écrin de velours, une Bible très usagée, etc.

Devant la table, une grande chaise de cuir, et, non loin, une ou deux chaises. Au fond de la chambre, placé de façon qu'on ne voit pas le clavier, un piano ancien.

Il y a des bougies des deux côtés du piano et quelques volumes de musique, bien rangés.

Près de la cheminée, causeuse recouverte de drap.

Tout le mobilier est vieux style en chêne foncé.

Le soleil d'une froide après-midi d'hiver entre par les fenêtres. On devine le chatoiement de la neige par la fenêtre.

Pendant que l'acte se déroule, la lumière se transforme et prend les teintes rouges d'un coucher de soleil d'hiver. Puis le crépuscule emplit la chambre d'ombres.

Au lever du rideau, les deux demoiselles Armstrong portant chacune un petit tablier de soie noire.

SCÈNE PREMIÈRE

MISS BESSIE (58 ans), MISS KETTY (60 ans), JOHN, leur domestique.

Au lever du rideau, miss Bessie arrange le feu, miss Ketty tricote. A la cantonade, on entend Tom qui chante l'air de Mignon : « *Connais-tu le pays où fleurit l'oranger ?* »

BESSIE, *à genoux devant le feu.*

Tom chante. Tu entends ? Tu entends l'air que chante mon neveu ?

KETTY

Mon neveu ! Comme s'il n'était qu'à toi ! C'est mon neveu aussi, je pense. Depuis trois semaines, il a la manie de chanter cet air-là : « Connais-tu le pays...

BESSIE, *continue en chantant.*

...où fleurit l'oranger... ? »

KETTY

Oh ! non, je t'en prie, pas toi. Qu'est-ce que tu déballes là ?

BESSIE

Un cake pour Tom. Un cake à gros grains. Et toi ?

KETTY

Un cake pour Tom, mais un cake sans grains. Tom n'aura pas mal à l'estomac, précisément parce que c'est un cake sans grains...

BESSIE

C'est possible. Mais il préférera manger le mien, parce que c'est un cake à gros grains. Moi, je pense d'abord à ce qu'il aime.

KETTY

Moi, je pense d'abord à sa santé.

BESSIE

N'empêche que j'ai là mon calepin. Eh bien, le mois dernier, Tom a choisi dix-sept fois mon cake à gros grains et huit fois seulement ton cake sans grains.

KETTY

C'est possible. Mais les dix-sept fois qu'il a mangé ton cake à gros grains *(Bessie se lève)* il a eu mal à l'estomac ; et il s'est admirablement porté les huit fois où il a mangé mon cake sans grains.

BESSIE

Quoi ?

KETTY

Car Tom, qui digère tout, ne digère pas les cakes à gros grains. Ton cake à gros grains l'empoisonne.

BESSIE

Oh ! écoute, Ketty !

KETTY

Oh ! écoute, Bessie !

SCÈNE II

BESSIE, KETTY, TOM sur le palier.

TOM, *descend par le petit escalier.*

Oh ! un trente et un décembre, une veille de jour de l'An, vous vous disputez !

KETTY

Nous ne faisons que ça. Mais c'est de sa faute !...

BESSIE

Comment, de ma faute... c'est de la sienne !

TOM

Vous feriez mieux de vous embrasser !

KETTY

Mais nous ne faisons que ça aussi.

TOM

Eh bien, embrassez-vous devant moi.

KETTY

Pas cette fois-ci.

BESSIE

Oh ! non, pas cette fois-ci.

TOM, *au milieu d'elles et les prenant toutes les deux par la taille.*

Vous êtes deux grandes enfants... deux vieilles petites filles... mes deux chères mamans... Allons, puisque vous ne voulez pas vous embrasser, embrassez-moi... mais en même temps... sans ça, ça fera des histoires. Quand je dirai trois, vous m'embrasserez. Un deux... trois. *(Elles se précipitent pour l'embrasser chacune sur une joue. Il se retire brusquement et Ketty et Bessie se trouvent s'embrasser malgré elles.)* Voilà... et sur ce je me sauve.

BESSIE

Mais tu rentres goûter ici ?

TOM

Dans une heure.

KETTY

En haut... avec nous...

TOM

Non... je ne peux pas... j'attends quelqu'un.

BESSIE

Tu trouveras ton thé de Ceylan là, tout préparé...

KETTY

Et ton thé de Chine, tout préparé, là...

TOM, *allant pour sortir.*

A tout à l'heure !

KETTY

Attends... Il neige ! Un vrai trente et un décembre ! Et tu as donné ton cache-nez à la vieille Clotilde. Voilà ton nouveau cache-nez.

TOM

Ah ! merci, tante Ketty.

KETTY, *triomphante, à Bessie.*

Tu n'avais pas pensé à ça, toi.

BESSIE

Vraiment !... *(Sortant un autre cache-nez d'un tiroir.)* Celui-là est en vigogne.

TOM

Ah ! merci, tante Bessie.

KETTY

Lequel des deux vas-tu mettre ?

TOM, *brandissant les deux cache-nez.*

Les deux.

Il sort.

SCÈNE III

KETTY, BESSIE, puis JOHN

BESSIE

Comme il est bon !

KETTY

Oui... et comme il nous aime !

BESSIE

Oui. Au fond, tous les trois, nous sommes très heureux.

KETTY

Très.

Un temps.

BESSIE

Ketty... Tu n'es pas un peu inquiète ?

KETTY

Si... Très... Et toi ?...

BESSIE

Très... Ce n'est pas naturel qu'il aille voir cette dame tous les jours...

KETTY

Surtout une Italienne... Une artiste... Une chanteuse à voix !...

BESSIE

Et dire qu'il y a trois semaines nous espérions que Tom serait fiancé à Mary.

KETTY

Oh ! écoute. J'aime mieux t'avouer une chose... J'étais si angoissée que j'ai pris sur moi d'écrire à M. de Rochard pour le prier de passer ici cet après-midi.

BESSIE

Comment ? Sans me le dire, tu as fait ça ?

KETTY

Oui, pourquoi ?

BESSIE

Eh bien, parce que j'ai fait la même chose...

Elles s'embrassent.

JOHN, *entrant.*

A la bonne heure !

KETTY

John ! je ne...

JOHN

Et puis, une chose qui fera plaisir à ces demoiselles... Le même bouquet qu'hier... Sans carte...

KETTY

Sans carte, encore... C'est incorrect !

BESSIE

Il faudrait peut-être le refuser.

JOHN

Oh ! à l'âge de ces demoiselles, ça n'a plus d'importance... Et puis, il y a une chose que je demande la permission de dire à ces demoiselles ?...

KETTY

Quoi, John ?

JOHN

Eh bien, n'est-ce pas, on est si méchant dans le monde de la charité... Eh bien, je le sais par son valet de chambre : M. Philipps, au comité des dames diaconesses, a parlé de M. le pasteur d'une façon pas comme il faut.

KETTY et BESSY

Hé !

JOHN

Il a dit, comme ça que M. le pasteur apprenait à chanter l'office avec une chanteuse italienne.

KETTY

Ça suffit, John !

JOHN

Oh ! je n'y ai pas cru. Mais c'était comme qui dirait mon devoir de dire ça à ces demoiselles pour le cas échéant.

KETTY

C'est bien, John.

Il sort.

BESSIE

Oh ! Ketty, c'est épouvantable !

KETTY

Bessie, quel malheur !

DE ROCHARD, *entrant*.

Eh bien, eh bien, qu'est-ce qu'il y a ?... Qu'est-ce que vous avez ?... Qu'est-ce que c'est que ça ?

SCÈNE IV

BESSIE, KETTY, DE ROCHARD

BESSIE

Ah ! si vous saviez !

KETTY

vous saviez ce qui arrive à Tom...

DE ROCHARD

Je sais... Je sais...

BESSIE

Il n'est pas perdu ?...

KETTY

On peut encore le sauver ?

DE ROCHARD

Mais voyons, calmez-vous...

BESSIE

Tom l'aime, n'est-ce pas ?

DE ROCHARD

Oui, il l'aime, mais rassurez-vous, d'un amour sûrement très haut... très pur...

KETTY

Oui, mais il l'aime, l'insensé !

BESSIE

Ah ! le pauvre petit !

KETTY

Tu vas le plaindre, n'est-ce pas ?

BESSIE

Naturellement, je le plains...

KETTY

Oui. Eh bien, moi, je le blâme !

BESSIE

Oh ! Ketty !

KETTY

Oh ! Bessie !

DE ROCHARD

Chut ! Chut ! Voyons !

KETTY

Quel cataclysme ! C'est une femme terrible, n'est-ce pas ?

DE ROCHARD

Oh ! non... ce n'est pas une femme terrible C'est une femme...

BESSIE

Qu'est-ce que nous allons devenir ?

DE ROCHARD

C'est bien simple, vous allez vous dire que je

suis votre ami, votre grand ami, que j'ai été inquiet et malheureux de tout cela avant vous, et que j'ai peut-être trouvé ce qu'il fallait faire.

KETTY et BESSIE

Ah !

DE ROCHARD

Oui, mais, pour l'instant, vous allez monter bien sagement dans votre salon, vous asseoir dans vos deux grands fauteuils à oreilles... et continuer votre point de Hongrie...

BESSIE

Oh ! non... Nous allons prier le bon Dieu...

DE ROCHARD

Si vous voulez... Moi, je vais rester ici et attendre Tom. Il va rentrer, n'est-ce pas ?

KETTY

Oui, d'un instant à l'autre. Il est allé au comité des dames diaconesses ; seulement, il ne pourra pas vous parler, il attend quelqu'un.

DE ROCHARD

Eh bien, quand ce quelqu'un sera parti.

BESSIE

Oui. Mais j'ai peur que ce soit long. Ce monsieur et lui doivent goûter ensemble.

DE ROCHARD

Ah !

KETTY

Et c'est un entretien important...

DE ROCHARD

Ah !... Qui est-ce ?

BESSIE

Nous ne savons pas. Mais il nous a priées de ne pas descendre...

DE ROCHARD

Ah ! ah !... Et il vous a dit que c'était un monsieur ?...

KETTY

Ah ! non, il ne nous a rien dit.

DE ROCHARD

Oui.

BESSIE

Alors, viens, Ketty. *(A de Rochard.)* Ce sont ces fleurs que vous regardez ? Oh ! mais elles sont peut-être de vous ?

DE ROCHARD

Non, pourquoi ?

KETTY

Parce qu'elles sont arrivées sans carte.

DE ROCHARD

Elles sont très jolies et je connais beaucoup le fleuriste... Elles font très bien ici... d'ailleurs, cette pièce a quelque chose de changé...

BESSIE

Ce sont les coussins... C'est Tom qui les a achetés ce matin. Il les a disposés lui-même.

DE ROCHARD

Ah ! Parfaitement ! Eh bien, à tout à l'heure...

BESSIE

Pourvu que tout se passe bien... Pourvu que Tom vous écoute... Pourvu que...

KETTY, *faisant monter Bessie.*

Mais n'agace donc pas M. de Rochard... Monte donc ! *(A mi-chemin.)* Pourvu que Tom vous écoute?... Pourvu que tout se passe bien... pourvu que...

BESSIE

Comment, c'est toi, maintenant ? Veux-tu monter...

On les entend en haut de l'escalier.

KETTY

Oh ! Bessie !

BESSIE

Oh ! Ketty !

SCÈNE V

DE ROCHARD, JOHN, puis RITA

DE ROCHARD, *seul.*

Quelles braves filles !... *(Il va sonner. Entre John.)* John... Il va venir une dame pour voir M. le pasteur...

JOHN

Une dame diaconesse ?...

DE ROCHARD

Non. Une dame pas du tout diaconesse... Vous la ferez entrer ici, même si le M. le pasteur n'est pas là...

JOHN

Cette dame s'appelle comment, Monsieur ?

DE ROCHARD

Elle ne vous dira sans doute pas son nom. D'ailleurs, elle est peut-être déjà venue... une dame très élégante... très jeune... très jolie...

JOHN

Oh ! Monsieur, nous n'avons pas ça, élégante et jolie... On sonne, Monsieur, c'est peut-être la dame...

DE ROCHARD

C'est la dame, John... ou je ne suis qu'une vieille bête...

JOHN

Oh ! une vieille bête, Monsieur exagère !...

SCÈNE VI

RITA, DE ROCHARD

Rita entre vivement. Elle porte une merveilleuse robe en velours noir, un manteau d'hermine, une petite toque en hermine. Autour de son cou, un long collier en perles fines, à l'extrémité du collier, une croix. Dans ses bras, elle porte, comme un enfant, un grand manchon d'hermine d'où sort la tête d'un petit singe décorée d'un ruban de soie verte avec une broche de diamants. En apercevant de Rochard, elle s'arrête brusquement.

RITA

Comment, vous ?...

DE ROCHARD

Oui.

RITA

Je ne comprends pas. Tom n'est pas là ?

DE ROCHARD

Non.

RITA

Mais pourquoi ? Où est-il ?

DE ROCHARD

Il va rentrer.

RITA

Mais pourquoi êtes-vous là ? Qu'est-ce que vous voulez ?

DE ROCHARD

Ma chère, je sais bien que, depuis trois semaines, nous ne sommes plus que des étrangers. Mais je ne m'attendais pas à cet accueil.

RITA

C'est Tom qui vous a demandé de me recevoir ? C'est une mauvaise nouvelle ?

DE ROCHARD

Non, rassurez-vous.... Tom ne sait même pas que je suis ici...

RITA

Ah !... c'est vrai ?...

DE ROCHARD

Mais oui...

RITA

Excusez-moi... mais j'étais si peu préparée... oui, c'est stupide... mon Adelina et moi nous avons été tellement surprises... Vous reconnaissez Adelina ?... Ten sorucio mio !...

DE ROCHARD

Adelina est toujours aussi élégante !

RITA

N'est-ce pas ? Elle ressemble de plus en plus à l'autre.

DE ROCHARD

Quelle autre ?

RITA

Adelina Patti dans *la Traviata*... Vous le savez... c'est à cause d'elle que je lui ai donné ce nom... *(Elle va poser Adelina sur un fauteuil dans le fond du studio, puis redescend et chancelle.)* Je vous demande pardon... je me sens un peu étourdie...

DE ROCHARD

Mais, c'est vrai, vous êtes toute pâle ?

RITA

J'ai eu si peur, là, à l'instant... je suis si vite bouleversée... L'idée que Tom n'était pas là...

DE ROCHARD

Vous l'aimez donc tant que ça ?

RITA

Oui.

DE ROCHARD

Et lui ?

RITA

J'espère...

DE ROCHARD

Vous êtes sa maîtresse ?

RITA

Sa maîtresse ?

DE ROCHARD

Non ?

RITA

Vous ne pouvez pas comprendre...

DE ROCHARD

Il vous a proposé de vous épouser ?

RITA

Vous êtes fou !... M'épouser, moi ! est-ce que c'est possible ? Il n'y pense pas. Et il a raison.

DE ROCHARD

Que sait-il de vous ?...

RITA

Ce qu'il invente... Il ignore tout de ma vie... alors, il l'imagine... il a arrangé mon passé à sa façon... c'est tellement beau... je n'ose pas y toucher...

DE ROCHARD

Comment tout cela va-t-il finir ?

RITA

Je pars dans quinze jours. Vous croyez qu'il m'oubliera ?

DE ROCHARD

Je l'espère !

RITA

Moi, je ne l'oublierai jamais... Il vient à l'hôtel chaque jour, vous savez... et je chante... et je lui fais les cartes...

DE ROCHARD

Les cartes ?...

RITA

Et il me parle de ses pauvres. Il en connaît tant de pauvres gens. Il sait si bien les aider...

DE ROCHARD

Il vous parle de ses pauvres ?...

RITA

Oh ! oui... et je lui donne des conseils... j'ai été pauvre autrefois... alors je sais... Vous souriez ?

DE ROCHARD

Non, je ne souris pas, mon enfant !

RITA

Alors, vous comprenez... le chant... ma carrière... le théâtre, tout ça... Pff !... Pff !...

DE ROCHARD

Voyons, Rita, vous ne pensez pas à ce que vous dites... Songez à Paris... à Rome... à toute la gloire qui vous attend là-bas... Songez que Verdi écrit pour vous son nouvel opéra... Songez...

RITA

Je ne songe qu'à une chose : je l'aime... je l'aime... je l'aime...

DE ROCHARD

Alors, Rita, si vous l'aimez tant que ça, ce n'est pas dans quinze jours qu'il faut partir, c'est demain...

RITA

Vous êtes fou !

DE ROCHARD

C'est demain !

RITA

Demain ? Mais, même si je le voulais... l'opéra... mes représentations...

DE ROCHARD

Je me charge de tout cela !

RITA

Qu'est-ce que vous dites ?

DE ROCHARD

Vous pourriez donner ce soir votre représentation d'adieu.

RITA

Mais, qu'est-ce que vous dites ?

DE ROCHARD

J'ai tout arrangé pour cela.

RITA

Quoi ?

DE ROCHARD

Vous n'auriez même pas dû venir ici. Ce n'est pas très bien.

RITA

Mais...

DE ROCHARD

N'abîmez pas son destin. Il ne peut pas vous épouser, vous l'avez dit. Et rien d'autre n'est possible. C'est un pasteur. Vous êtes Italienne, vous êtes pieuse, vous comprenez ? Prenez-y garde, Tom n'est pas pareil aux petits jeunes gens que vous avez l'habitude de voir tourner autour de vous. Ce n'est pas un baron Nauroy ou un capitaine Claridge...

RITA

Mais, taisez-vous !

DE ROCHARD

Ou... comment s'appelait donc ce petit Polonais qui s'est tué pour vous, il y a deux ans, à Bruxelles ?

RITA

Ah ! taisez-vous !...

DE ROCHARD

Et ce jeune lord Guersey ?... Vous avez cru

l'aimer, celui-là... et lui vous aimait... l'oubliez-vous ?...

RITA

Mais taisez-vous donc !

DE ROCHARD

Vous voyez bien... Il faut partir... Tom est une âme d'enfant. Il ne sait pas qui vous êtes ! Son bonheur ou son malheur sont en vos petites mains...

RITA

Oui, vous avez raison...

DE ROCHARD

C'est bien, Rita.

RITA

Je vais partir. C'est dur, vous savez...

DE ROCHARD

Je sais.

RITA

Je vais m'en aller avant qu'il n'arrive.

DE ROCHARD

Qu'est-ce qu'il y a ?

RITA

Je regarde. C'est la première fois que je viens... Je voulais voir où il vivait... Il m'avait tant demandé... C'est dans ce fauteuil-là qu'il va pleurer, quand il apprendra que je suis partie... c'est là que, peut-être, il se souviendra de moi... Je vais m'en aller avant qu'il n'arrive. Vous lui expliquerez, n'est-ce pas, que c'est moi qui avais envoyé ces fleurs...

DE ROCHARD

Oui.

RITA

Quand il demandera si je suis venue, ne dites rien, mais donnez-lui cette rose. *(Elle la prend à sa ceinture.)* Il saura...

A ce moment, la porte s'ouvre brusquement et Tom entre en bourrasque, très jeune, très gai. Il a son pardessus et ses gants.

SCÈNE VII

DE ROCHARD, RITA, TOM

TOM

Eh bien, vous avez dû croire que je ne viendrais jamais. Oh ! pardon, monsieur ! C'est vous ! Je suis content que Mme Cavallini n'aït pas attendu seule. Où sont tante Bessie et tante Ketty ?

DE ROCHARD

En haut.

TOM, *retirant ses gants.*

Brr ! Il fait froid, dehors. J'ai eu beau courir, je suis glacé ! Ah ! maintenant, je vais mettre du charbon dans le feu et nous allons tous les trois...

DE ROCHARD

Je crois, Tom, que justement Mme Cavallini s'apprêtait à partir.

TOM

A partir ?

RITA

Oui. Il faut que je repasse un peu mon rôle.

TOM, *allant à elle et lui prenant les mains.*

Oh ! par exemple, vous n'allez pas partir.

RITA

Si, monsieur Tom... ce rôle...

TOM

Quoi, ce rôle... C'est Mignon. Je vous l'ai fait répéter hier. Vous le savez admirablement.

RITA, *à de Rochard.*

Evidemment, je le sais.

JOHN, *entrant.*

Ces demoiselles font dire à monsieur de Rochard que le thé est servi en haut dans le salon.

TOM, *à de Rochard.*

Ne leur dites pas que nous sommes ici, nous monterons plus tard.

RITA, *suppliante.*

Juste une petite minute. *(De Rochard hausse les épaules.)* Vous voyez que ce n'est pas de ma faute.

DE ROCHARD

Je vois.

Il sort.

SCÈNE VIII

TOM, RITA

TOM

Voilà. C'est miraculeux. C'est un rêve qui est arrivé.

RITA

Quel rêve ?

TOM

Vous, dans mon studio !

RITA

Oui, un rêve. Voilà ce que je suis, un rêve d'un instant.

TOM

Un rêve de toujours.

RITA

Non, mon ami, un beau matin vous vous réveillerez et pouf ! le petit rêve, il sera tout parti !

TOM

Ne dites pas ça. Je vous défends de dire ça !

RITA

Alors, vous avez été heureux ces dernières semaines, oui ?

TOM

Personne n'a été heureux avant moi.

RITA

J'ai été heureuse aussi.

TOM, *il s'approche d'elle.*

Rita...

RITA

Laissez-moi regarder...

TOM

Quoi ?

RITA

Tout... Je veux faire ma provision de souvenirs. Je veux que vous m'expliquiez tout. Comme ça, quand je serai partie... très loin...

TOM

Vous ne parlez que de départ...

RITA

C'est que... bientôt je partirai...

TOM

Vous n'en savez rien.

RITA

Si. J'aime beaucoup votre studio, vous savez.

TOM

N'est-ce pas ? Ça, ça me fait plaisir. C'est un des plus beaux studios de pasteurs, vous savez... Vous avez remarqué ces deux coussins, je crois qu'ils ne font pas mal ?

RITA

Ils sont ravissants.

TOM

N'est-ce pas ? Moi, je trouve.

RITA

Oh ! qu'est-ce que cette grande figure-là, avec ces cornes ?

TOM

C'est un élan. Je l'ai tué à l'affût, au moment qu'il allait me charger.

RITA

Vous êtes adroit ! Et... ce... cette grande rame ? Pourquoi vous la mettez en conserve ?

TOM

Ça, c'est la rame avec laquelle j'ai gagné la fameuse course en 1859, l'épreuve de l'université d'Harvard. Je suis arrivé premier. Mais il faut être juste, nous n'aurions pas été vainqueurs sans Dicky Parker. Il était notre entraîneur.

RITA

Oh ! oui, c'est votre ami, le petit garçon qui remontait les rivières à la nage.

TOM

Comment, je vous ai déjà raconté ça ?

RITA

Oh ! vingt fois. Mais recommencez.

TOM

Eh bien, voilà ! Tous deux, nous allions toujours pieds nus. Je battais Willie au saut et à la course, mais, naturellement, pour nager, ça, je n'étais pas de force !... Ah ! quand je pense aux heures que j'ai passées au bord de cette rivière ! Oh ! des heures inoubliables !

RITA

Ah ! qu'est-ce que vous faisiez ?

TOM

J'apprenais à siffler entre mes dents, tantôt avec mes doigts, comme ça, et tantôt sans les doigts.

RITA

Oh ! que c'est intéressant !

TOM

Je comprends. Mais je suis là à parler de moi. Ça a beau être instructif et passionnant, je voudrais que vous me parliez de vous, de votre enfance, de votre bon temps.

RITA

Mon enfance ? Mon bon temps ? Oh ! j'ai peur de n'avoir pas eu beaucoup de bon temps... Je n'ai jamais connu mes parents, j'ai été très malheureuse.

TOM

Pauvre petite fille !

RITA

Qu'avez-vous ?

TOM

Rita... Rita... écoutez-moi... il faut que je vous dise...

RITA, *s'éloignant, nerveuse.*

Non, non...

On entend un orgue de Barbarie dans la rue, qui commence la vieille valse Il bacio.

TOM

Ah ! au diable cet orgue !

RITA

Il était temps !

Elle va à la fenêtre, regarde.

TOM, *ouvre et crie au dehors.*

Hohé ! là-bas ! Arrêtez votre orgue, arrêtez ça tout de suite. *(L'orgue s'arrête.)* Nous ne permettons pas à des chemineaux italiens de jouer des valses dans le voisinage de l'église. *(Furieux.)* Et enlevez ce singe de ma grille...

RITA

Singe ! *(Elle court à la fenêtre.)* Oh ! un Italien ! Un chanteur de rue ! Oh ! *Buon giorno, amico* ! *(Tom s'arrête en la regardant.)* *Che tesore di una seimia avete* ! *Come si chiamo* ? *(L'homme, au dehors, répond quelque chose en italien.)* Hein ? Tommaso ! *(A Tom.)* Vous et son singe vous avez le même nom ! *Quante ani a* ? *(L'homme répond, elle se tourne vers Tom.)* Il est plus jeune que vous, il a deux ans.

TOM, *ennuyé.*

Vraiment, je...

RITA, *comme frappée d'une idée.*

Aspettate un momento... (Elle va au fauteuil où elle a laissé son singe, le prend et le porte à la fenêtre.) Je vais présenter Adelina à Tommaso.

TOM

Rita... je vous en prie, songez à ma situation... à mes paroissiens !

RITA

Ecco Tommaso, questa e Adelina ! *Siete compatrioti* ! Regardez comme elle salue avec sa petite main !

TOM

Je vous en prie, vous allez prendre froid.

RITA

Un baiser... et je parie qu'ils viennent de Naples... *Napoli* ?... *Si* ! *Ah* ! *Napoli* !...

TOM

Dites-leur de s'en aller, de s'en aller tout de suite.

RITA

Sans argent ?

TOM, *cherchant une pièce dans son porte-monnaie.*

Attendez.

RITA

Donnez, donnez vite avant qu'ils s'en aillent... *(Elle prend la bourse et la jette.)* Je veux que lui aussi puisse manger sa friture d'anguilles... *Amico... arrivederci... arrivederci...*

Elle envoie des baisers et agite son mouchoir et ferme la fenêtre.

TOM

Vous parlez à cet homme comme si vous l'aviez connu toute votre vie.

RITA

Ah ! que voulez-vous ! Nous faisons tous les deux de la musique ! Vous n'êtes pas fâché ?

TOM

Non... mais vous êtes singulière... Il y a des moments où je ne vous comprends pas.

RITA

Ça vaut mieux... Oh ! sur votre bureau...

TOM

Quoi ?

RITA

Pourquoi vous avez une femme toute jeune... et si belle ?...

TOM

C'est... c'était maman...

RITA

Oh ! pardon !

TOM

Vous voyez, près d'elle, il y a la petite Bible qu'elle m'a donnée...

RITA

Oui. Oh ! Et dans ce petit cadre... cette mèche dorée... c'était de ses cheveux à elle ?

TOM

Non. Ce sont les miens. J'avais trois ans, et voyez, maman a écrit quelque chose dessous.

RITA, *lisant.*

Boucles de mon fils Tom, la première fois qu'on lui a coupé les cheveux.

TOM, *l'excusant.*

Oh ! vous savez, maman a écrit cela parce qu'elle était sentimentale...

RITA

Elle a écrit cela parce qu'elle vous aimait.

TOM

Mais voilà surtout ce que je voulais vous montrer. *(Il déplie le petit paquet qu'il tient à la main.)* Hein, regardez-moi ça...

RITA

Un collier...

TOM

Ça a été le cadeau de noces de mon père... *(Il montre le collier qui est en toutes petites perles et qui soutient un médaillon.)* Comme on faisait de jolis bijoux autrefois ! Quelles perles !

RITA, *tâchant de dissimuler son collier.*

Oh ! oui, certainement !

TOM

Alors, puisque vous l'aimez, ce collier, voulez-vous le garder ?

RITA

Le garder ?

TOM

Je vous en prie... vous me ferez tant plaisir...

RITA

Ce collier à moi... Mais il vient de votre mère !

TOM

Justement, c'est pour ça. Ah ! je comprends ce que vous éprouvez au moment d'accepter de pareils bijoux d'un homme — mais dans ce cas-là... c'est convenable, puisqu'ils viennent de maman... Que faites-vous ?...

RITA, *retirant ses perles.*

Je fais place à l'autre.

Elle pose le collier sur le bureau.

TOM

Ah ! je savais bien que vous consentiriez... Merci... Vous y voyez assez pour le mettre ?

La pièce est maintenant pleine d'ombre et de crépuscule, la lueur du feu est chaude et douce.

RITA, *debout sur un pouf, devant la glace, se regarde.*

Oui, je vois... (*Elle met le collier. Tom la re garde pensivement.*) Pourquoi me regardez-vous ainsi ? A quoi pensez-vous ?

TOM

Je pense combien maman vous aurait aimée...

RITA

Oui ?

TOM

Elle aimait tout ce qui était beau, bon et doux. Et puis, votre musique l'aurait intéressée. Elle était musicienne aussi, vous savez !

RITA

Vraiment ?

TOM

Elle chantait sans cesse en allant et venant. Elle était comme un oiseau dans la maison... Tenez ! une chanson surtout... écossaise... *Annie Laurei*... le cahier est toujours là...

RITA

Annie Laurei...

TOM

Je la chantais quand j'étais petit.

RITA

Chantez-la, pour voir.

TOM

Moi, chanter devant vous ?

RITA

Je vais vous accompagner.

TOM

Mais je n'ai pas de voix !

RITA

Allumez les bougies, s'il vous plaît.

Il allume les bougies avec des allumettes de papier qu'il enflamme au foyer.

TOM

Vous savez, ça va jusqu'à l'*ut*. C'est joliment haut, enfin, pas pour vous, mais pour moi... Vous savez, l'hiver, c'est mauvais pour la voix.

RITA

Alors, je commence...

TOM

Oui, mais vous me soutiendrez...

RITA

C'est ça.

TOM

Oui... hem... vous savez, il y a si longtemps que je n'ai pas chanté...

RITA

Vous y êtes ?

TOM

Je suis prêt.

Il chante.

Maxwelton broes are bonnie
Where early the dew
And it's there that Annie Laurei
Gie'd me her promise true.

Cherchant à éclaircir sa gorge.

C'est là que ça monte.

Il reprend sa chanson.

Gie'd me her promise true
Which ne'er forgot will be
And for bonnie Annie Laurei
I'd lay me down and die.

JOHN, *entrant.*

Monsieur le pasteur, ce sont les dames diaconesses.

TOM

Flanquez-moi les dames diaconesses à la porte.

JOHN

Quoi, Monsieur ?

TOM

Je vous dis de flanquer les dames diaconesses à la porte.

John sort et Tom reprend sa chanson.

Her face is the fairest
That e'er the sun shone on
And dark blue is her e'e
And for bonnie Annie Laurei
I' ill lay me down and die.

RITA

C'est joli. C'est une chanson d'amour.

TOM

Ah ! oui, mais jusqu'ici, je ne m'en étais jamais aperçu.

RITA

Ah !

TOM

Non, parce que, jusqu'ici, je ne savais pas ce que c'était que l'amour.

RITA

Ah ! l'amour ! Un si grand mot et si peu de chose !

TOM, *s'appuyant au piano.*

Ce n'est pas vrai.

RITA

Quoi ?

TOM

Non, ce n'est pas vrai. L'amour, c'est toute la vie. C'est de trouver une compagne qui vous montre le bon chemin et qui le suive avec vous, épaule contre épaule, qui embellit les beaux jours et rend moins dures les heures mauvaises. C'est de savoir qu'elle sera là avec vous jusqu'au bout de la route. Et puis, quand on sera très vieux, tout à la fin, c'est de pouvoir, ce jour-là, se regarder jusqu'au fond de l'âme, se sourire et se dire : « Nous avons accompli notre devoir, mon amour, et je crois qu'il a été bien accompli. »

RITA, *les yeux pleins de larmes.*

Ah ! ce bonheur-là, mon ami... Il y en a peut-être qui le connaissent, mais il n'est pas fait pour moi.

TOM

Si.

RITA

L'amour auquel j'ai droit, c'est de pouvoir m'oublier moi-même une minute, qu'il oubliera, lui aussi, et puis c'est tout.

TOM

Ne blasphémez pas. Je vous aime !

RITA

Non ! Non !

TOM

Je vous aime et vous m'aimez aussi !

Il la prend dans ses bras.

RITA

Non... non... Je ne veux pas... Il ne faut pas...

TOM

Vous m'aimez... aussi...

RITA

Eh bien, oui, je vous aime, tant pis ! Rien n'existe. Il n'y a plus sur la terre que vous et moi. Ceci est notre minute, notre petite minute qui ne reviendra plus jamais !

TOM

Ma chérie !

RITA

Ferme les yeux, serre-moi contre toi. Je t'aime ! *(Rita met ses lèvres contre les siennes. Long baiser. Ils restent serrés dans les bras l'un de l'autre. On entend dans le lointain l'orgue et des voix d'hommes chantant un cantique, en sourdine.)* Qu'est-ce que c'est ?

TOM

C'est la maîtrise... Je vous aime...

RITA

Ah !

TOM

Dites... Quand nous marierons-nous, ma fiancée ?

RITA

Quoi ?

TOM

Quand nous marierons-nous ?

RITA

Je ne croyais pas que la fin viendrait si vite ! Laissez-moi partir.

Elle se dégage lentement et se détourne.

TOM

Partir ?

RITA

J'ai commis une grande faute.

TOM

Je ne comprends pas.

RITA

Je vous ai laissé dire des mots que vous n'auriez jamais dû prononcer...

TOM

Qu'est-ce que vous dites ?

RITA

Je ne peux pas être votre femme... Adieu...

TOM

Adieu ! Mais vous êtes folle ! Vous êtes folle !

RITA

Laissez-moi partir.

TOM

Mais jamais !

RITA

Si... Laissez-moi.

TOM

Pas avant de m'avoir expliqué...

RITA

Expliquer quoi ? Hélas ! tout est trop clair ! Le premier venu vous l'apprendrait !

TOM

Quoi ?

RITA

Et maintenant, je suis très lasse... laissez-moi... ne me demandez plus rien...

TOM

Rita... je ne veux rien vous demander... Calmez-vous... Si... Si, calmez-vous... Vous allez me donner la main. Donnez-la moi *(Elle la lui donne)*, et je veux vous écouter... C'est pour cela que je suis sur la terre, vous savez, pour aider ceux qui souffrent et qui ont besoin d'un ami et d'un pardon.

RITA

Me pardonner ?... A moi ?... Mais vous ne savez rien ?

TOM

Si, vous venez de tout dire et je vous pardonne !... Ma petite... ma pauvre petite...

Il la prend dans ses bras.

RITA, *pleurant.*

Mais non, mais non, ce n'est pas possible... vous ne savez rien... je... je... n'ai pas été honnête...

TOM

Chut... allons... allons... ne pleurez pas... C'est fini... Vous avez été loyale et brave et honnête, mais oui, honnête... C'est du fond du cœur que je vous pardonne.

RITA

Mais comment pouvez-vous ?... Non... je ne comprends pas... je ne comprends pas...

TOM

Pourquoi ? C'est tout naturel que je vous pardonne ! Il y a longtemps... Il y a longtemps, n'est-ce pas ?

RITA

Oui !...

TOM

Vous étiez si jeune... et très pauvre...

RITA

Oui...

TOM

Vous étiez sans appui... désarmée devant la misère... devant la vie...

RITA

Oui ! oh ! oui !

TOM

Et depuis, vous êtes devenue une autre femme, la femme que je crois... que je peux aimer... n'est-ce pas ?... C'est vrai ?... Dites que c'est vrai ?...

RITA

Oui.

TOM

Eh bien, alors, tout le reste ne compte plus, tout le reste est oublié, car vous vous dites :

« Toute ma vie maintenant, je veux en faire une chose nette, pure et belle. » C'est cela que vous vous dites, j'en suis sûr. Eh bien, je devrais vous pardonner, même si je ne vous aimais pas. Est-ce une raison parce que je vous aime de vous refuser mon pardon ?

RITA

Tom !

TOM

Ah ! oui, je vous pardonne de toute mon âme et je vais vous le prouver. Et je veux que tout le monde le sache aujourd'hui même. Et tenez ! je vais à l'instant annoncer nos fiançailles à mes tantes et à M. de Rochard.

RITA

Non, pas lui...

TOM

Comment ?

RITA

Quoi ?...

TOM

Pourquoi pas lui ?

RITA

Rien, je ne sais pas.

TOM

Pourquoi avez-vous l'air effrayé ?

RITA

Effrayée... non... mais, vous comprenez, j'ai peur qu'il s'étonne, qu'il se froisse...

TOM

Comment ?

RITA

Oui, je le connais depuis très longtemps. C'est un très vieil ami, il ne comprendra pas que je ne lui aie pas parlé moi-même, que je ne l'aie pas prévenu... préparé...

TOM

Préparé ?

RITA

Oui, n'est-ce pas ?... Il a été très bon pour moi, il m'a protégée dans la vie... il m'a donné des conseils... Alors, n'est-ce pas ? d'avoir pris une décision aussi importante, comme cela, en dehors de lui...

TOM

Mais vous ne m'avez jamais dit que vous fussiez aussi liés... que vous fussiez aussi intimes...

RITA

Intimes... non...

TOM

S'il y a autre chose..., s'il y a eu autre chose, dites-le... Ça ne peut pas être grave... Enfin, s'il a eu de la tendresse pour vous... s'il a été épris de vous... ce n'est pas grave... Il faut me le dire... Il a été épris de vous, n'est-ce pas ?...

RITA

Oui, peut-être un moment... quand j'étais à Paris...

TOM

Il vous a aimée.

RITA

Aimée, non... il me faisait des compliments... il m'envoyait des fleurs... il venait me voir. Mais c'est tout.

TOM

Et vous saviez qu'il vous aimait ?

RITA

Je ne puis défendre à un homme de me trouver agréable, de me trouver jolie.

TOM

Et il vous aime encore ?

RITA

Mais non, quelle folie ! Est-ce que, depuis que je vous connais, j'ai permis à un autre homme même de m'écrire... Est-ce que j'ai songé à un autre que vous ?

TOM

Rita, si c'était vrai, vous n'auriez pas eu si peur, tout à l'heure.

RITA

Mais c'est absurde ! Oh ! tenez, depuis trois semaines, c'est la première fois que je le revois !

qu'est-ce que vous allez penser... chercher... Ah ! je vous jure que c'est fini... Enfin, c'est fini...

TOM, *avec éclat.*

Qu'est-ce qui est fini ?

RITA

Mais ce que je vous dis... les sentiments qu'il avait pour moi... enfin... notre... son amitié...

TOM

Rita, pourquoi me parlez-vous de cela aujourd'hui pour la première fois ?

RITA

Je craignais de vous déplaire... je...

TOM

Me déplaire ?... Pourquoi ? Vous venez de me le dire, vous ne pouvez pas empêcher qu'un homme soit amoureux de vous. A moins qu'il n'y ait quelque chose à cacher... Il n'y a rien à cacher n'est-ce pas ?

RITA

Mais, Tom, je ne vous comprends pas...

TOM

Vite, répondez, pour l'amour de Dieu...

RITA

Mais, Tom, je...

TOM

Oh ! pas lui, n'est-ce pas, pas lui ? *(Avec sanglot.)* Oh !...

RITA, *désespérée.*

Quoi, mais non, ce n'est pas vrai ! Je vous dis que ce n'est pas vrai !

TOM

Alors, jurez-le !

RITA

Oui.

TOM

Mettez la main sur cette Bible.

RITA

La Bible de...

TOM

Oui... Regardez-moi dans les yeux et dites ceci : « Je jure qu'il n'y a rien eu de coupable entre M. de Rochard et moi. »

RITA

O Madona !

TOM

Vous refusez ?

RITA

Non... Je jure qu'entre M. de Rochard et moi...

A ce moment, de Rochard paraît en haut de l'escalier. Rita l'a vu, — mais pas Tom.

TOM

Ah ! Rita... pardon... et merci... je...

SCÈNE IX

Les Mêmes, DE ROCHARD

TOM

Ah ! monsieur de Rochard... je viens d'être très coupable... mais, maintenant, je suis très heureux... Si vous saviez... c'est le jour le plus important... le plus beau de ma vie...

DE ROCHARD

Mais, Tom, dans quelle exaltation !

TOM

Monsieur de Rochard... je vous demande pardon, mais je suis très ému... Mme Cavallini et moi nous sommes fiancés !

DE ROCHARD

Ah !

TOM

Oui, je lui ai demandé d'être ma femme.

DE ROCHARD

Et Mme Cavallini a accepté ?

TOM

Oui.

DE ROCHARD

En ce cas, je vous fais mes compliments et à tous les deux...

TOM

Mais, monsieur de Rochard, sur quel ton vous dites cela !

DE ROCHARD

Dame ! cette nouvelle est si imprévue, si brusque !

TOM

Vous ne m'avez même pas tendu la main ?

DE ROCHARD

Oh ! excusez-moi !

TOM

Non... Non...

DE ROCHARD

Qu'est-ce qui vous prend, Tom ?

TOM

Excusez-moi à mon tour... votre attitude envers moi est si singulière... si nouvelle... si em barrassée...

DE ROCHARD

Nullement embarrassée, Tom. Je désapprouve vos projets.

TOM

Quoi ? Et vous dites cela devant madame Cavallini ?

DE ROCHARD

Je le lui ai dit à elle-même tout à l'heure.

TOM

Comment ?

DE ROCHARD

Oui. Avant que vous n'entriez. Je le devais,

puisque j'estime que ce mariage ne peut faire ni votre bonheur, ni le sien.

TOM

Le sien ! Ah ! ça, de quel droit vous mêlez-vous de ses affaires ?

DE ROCHARD

Tom...

TOM

Il faut être étrangement lié avec une femme pour se reconnaître le droit de lui donner de pareils conseils !

DE ROCHARD

Mais, Tom...

TOM

Il faut être plus que son ami... il faut être...

DE ROCHARD

Ah ! taisez-vous ! Je vous reverrai quand vous serez de sang-froid...

Il va pour sortir.

TOM, *l'arrêtant.*

Ah ! vous ne partirez pas comme ça...

DE ROCHARD

Vous êtes fou...

TOM

Ecoutez-moi... j'exige... je vous conjure de m'écouter... *(Un temps. De Rochard fait un pas vers lui.)* Ce que je vais faire est révoltant... Mais je ne peux pas m'en empêcher... Alors, je vous supplie tous les deux d'avoir pitié de moi.

DE ROCHARD

Mais oui...

TOM, *parlant avec peine.*

Voilà... Mme Cavallini a été très franche, très loyale... Monsieur... elle m'a dit... elle vient de me dire sur son passé... Enfin, elle a été très pauvre... très seule... et je suis prêt à l'absoudre de tout mon cœur... Mais... mais... *(Il s'arrête, incapable de continuer, puis se lève, saisit le bord du bureau des deux mains, tendu et le regard fixe.)* Avant de faire cela, il y a une chose dont il faut que je sois sûr...

DE ROCHARD

Quoi, Tom ?

TOM

Il paraît... je sais qu'autrefois... pendant quelque temps, vous l'avez admirée, aimée... *(Rochard jette un regard sur Rita.)* Au nom du ciel, ne la regardez pas en ce moment. *(Se dominant.)* Mais ce dont il faut que je sois... ah ! tout à fait sûr ! — c'est qu'il n'y a jamais rien eu... entre elle et vous ?

DE ROCHARD

Comment ?

Un temps.

TOM

Je le lui ai demandé et elle a nié, je la crois, — je veux la croire... mais si... si vous étiez assez bon pour le nier à votre tour, pour me donner votre parole d'honneur, eh bien, je vous serais très reconnaissant... Eh bien ?

DE ROCHARD

Eh bien, Tom, je vous donne ma parole d'honneur qu'il n'y a jamais rien eu entre Mme Cavallini et moi.

TOM

Ah ! que je vous remercie. Comment m'excuserai-je jamais ? N'est-ce pas que vous me comprenez ? N'est-ce pas que vous me pardonnez ? Et vous, Rita ? Ah ! je ne sais plus quoi vous dire ! Toute ma vie rachètera cette heure-ci ! Oui, toute ma vie !... Rita, comment ai-je pu... comment ai-je pu douter de vous ? Vous qui êtes si claire, si noble, si belle... vous qui êtes tellement meilleure que moi...

RITA, *éclatant subitement.*

Ah ! non... je ne peux pas ! Je ne peux pas !

TOM

Quoi ?

RITA

Je vous ai menti.

TOM

Rita...

RITA

Nous n'avons dit que des mensonges... des mensonges... des mensonges...

TOM

Rita...

RITA

J'ai été sa maîtresse jusqu'au moment où je vous ai connu.

TOM

Vous, vous... Oh !

RITA

Oui, je ne suis qu'une fille... Depuis trois semaines, je vous mens et ça me fait du bien de vous le dire... Et je n'ai pas d'excuses... J'ai eu plus d'amants que vous n'avez dit de prières... Je me suis donnée à tout le monde, à tous ceux qui ont voulu, à tous ceux qui y ont mis le prix...

TOM

Taisez-vous !

RITA

Et je vous le dis, parce que me perdre ainsi à

vos yeux, c'est la dernière façon qui me reste de vous prouver que je vous aime. Oui, je me vendais, on m'a achetée... on m'a payée... et lui, c'est le dernier acquéreur...

TOM

Taisez-vous donc !

DE ROCHARD, *faisant un pas vers Tom.*

Tom, écoutez, je...

TOM, *avec violence.*

Allez-vous-en ! *(Dans son mouvement, la petite Bible est tombée. A voix plus basse.)* Allez-vous-en tous les deux...

Il se baisse pour ramasser la petite Bible qui est tombée par terre, il la brosse involontairement et la remet sur le bureau.

DE ROCHARD

Tom, je donnerais tout au monde pour avoir pu vous épargner cette douleur...

Il s'avance vers lui.

TOM

Non... non... allez-vous-en.

DE ROCHARD

C'est bien, adieu.

Il sort. Tom s'écroule dans un fauteuil.

RITA

Tom ! Monsieur ! *(Il frissonne au son de sa voix, elle va au miroir, retire son collier et les boucles d'oreilles, embrasse le médaillon et le dépose sur la cheminée. Elle prend son manteau, le met, ramasse le manchon et le singe. Puis, s'adressant au singe.)* Basta ! basta ! poverina mia ! *(Elle regarde Tom qui reste immobile, accablé de douleur. Enfin, elle dit très simplement.)* Merci de m'avoir aimée...

Elle baisse sa voilette et sort. En entendant la porte se refermer, Tom lève la tête. Il paraît étouffer quelques instants, puis se cachant la figure dans son bras, il sanglote silencieusement. Au loin, on entend le bruit du petit orgue de Barbarie qui rejoue le même air que précédemment.

RIDEAU.

ACTE TROISIÈME

L'appartement de Mme Cavallini à Brévort House, cette même nuit, après le spectacle. A gauche, deux portes conduisent au vestibule. A droite, deux grandes fenêtres, entre lesquelles se trouve une grande glace à cadre doré. Au fond, à gauche, une alcôve dont les rideaux sont à demi tirés. Dans la cheminée, le feu est allumé. Un grand piano à queue est surchargé de musique, de chapeaux, de vêtements. Dans le fond, un perchoir, où sont juchés, l'un à côté de l'autre, deux grands perroquets, l'un vert, l'autre rouge. Près de la cheminée, le berceau du singe couvert de satin et de dentelles. Dans la pièce, plusieurs malles ouvertes que l'on est en train d'emplir. Des vêtements de toutes espèces sont jetés dans toute la chambre dans le plus grand désordre. Le décor doit donner une impression de luxe, de confusion et de bohème.

Le rideau se lève. C'est la nuit. Le gaz est allumé. Devant le feu est accroupie la signora Vanucci, — une vieille Italienne obèse, moustachue, et portant de longues boucles d'oreilles. Vêtements très voyants, les jupes retroussées, chaussée de vieux souliers de satin rose. Elle fait des réussites avec un jeu de cartes très sales. Elle s'arrête de temps à autre pour remuer le contenu de deux casseroles placées sur le feu.

SCÈNE PREMIÈRE

VANUCCI, puis ADOLPHE, puis LE GROOM

VANUCCI, *à elle-même, faisant les cartes.*

O Dio mio ! Non importa... *(On frappe à la porte.)* Avanti !

Adolphe entre. C'est un vieux maître d'hôtel suisse avec un fort accent tudesque. Il porte un plateau avec des assiettes, des serviettes, un saladier.

ADOLPHE

Ah ! vous quittez... je fois que les gros bagaches sont derminés, et même les bédits.

VANUCCI

Nous devions partir dans quinze jours et subito... on dit à Vanucci : « Presto... partons demain. »

ADOLPHE

Tomache ! Mme Cafallini était une ponne gliente... T'ailleurs, quand on a de pareils bagaches. En Suisse allemande, dans mon pays... nous aimons les cholis bagaches, parce que nous faisons les notes d'après les bagaches. Alors, quand ils sont cholis, les notes sont cholies aussi.

VANUCCI

Qui le dîner, qui ? Ah ! poverina ! Sa représentation d'adieu. Elle n'a rien voulu goûter avant de partir.

ADOLPHE

C'est lochique. Aucune grande artiste ne mange avant de chanter. Ainsi, moi, che me rappelle quand je chantais à l'opéra de Zurich.

VANUCCI

Comment, vous aussi, vous avez chanté à l'Opéra ?

ADOLPHE

Che gomprends !

VANUCCI

Quelle voix ?

ADOLPHE

Ça dépendait des chours. Tes chours premier ténor, tes chours troisième basse. Choli théâtre ! Votre sauce, elle f...-le-camp !

VANUCCI, *se précipitant à la casserole.*

Madona santa.

Le Groom paraît.

LE GROOM

Le monsieur à qui votre patronne m'a fait porter une lettre avant dîner est en bas.

VANUCCI

Signor de Rochard ! Tu ne pouvais pas le dire subito. Qu'il monte.

LE GROOM

Ça va !... Un mot... C'est vrai que tu es la maîtresse à Garibaldi ?

VANUCCI, *menaçante.*

Oh !

Le Groom se sauve.

ADOLPHE

Voyez-vous, aujourd'hui les bédits domestiques c'est aussi fripouille que les vieux. Il n'y a plus d'avancement possible. J'aborte le champagne.

Il sort.

SCÈNE II

VANUCCI, puis DE ROCHARD

VANUCCI, *seule, essaye de remettre un peu d'ordre dans la pièce. Elle ferme deux malles en chantant. Elle met une écharpe, puis pique une plume d'autruche dans ses cheveux et se regarde dans un miroir avec satisfaction. On frappe.*

Avanti. Ah ! Signor di Rochardo... que joya ! trois semaines que vous n'êtes venou !

DE ROCHARD

Oui, trois semaines. Vous êtes plus éblouissante que jamais.

VANUCCI

Ah ! mylord, ne faites pas de la moquerie.

DE ROCHARD

Et Adelina, où est-elle ? *(Il aperçoit le berceau du singe.)* Ah ! la voici ! Oh ! elle dort bien !

VANUCCI

Elle fait la digestion. Elle vient d'engloutir un

grand souper : des olives, de la confiture de fraises.

DE ROCHARD

Et une grappe de muscat !

VANUCCI

Oh ! Mylord ! Mylord a la mémoire du cœur.

DE ROCHARD

C'est plus vrai que vous ne pensez. Qu'est-ce que vous faites cuire là ? Votre fameux macaroni ?

VANUCCI

C'est pour Madame. Elle n'a rien mangé aujourd'hui. Et elle est si fragile, si blanche. Oh ! Madona ! Oh ! j'ai peur pour cette représentation d'adieux. Mylord n'y était pas ?

DE ROCHARD

J'en viens... Rita m'a demandé de l'attendre ici. Ça a été un triomphe. Toute la salle, debout, lui jetant des fleurs. Jamais on n'avait vu ça.

VANUCCI

Et quand ye pense que Madame est si pressée

de partir... Partir subito. Por que ? Vous comprenez ?

DE ROCHARD

Je crois.

VANUCCI

Ah ! que peccato ! Demain nous serons si loin sur la mare...

DE ROCHARD

Oui... oui... demain...

VANUCCI

Et nous reverrons Mylord bientôt ?

DE ROCHARD

Peut-être... Je ne sais pas...

On entend jouer Yankee Doodle *par une fanfare. Pendant la scène, la musique se rapproche et on entend aussi la rumeur confuse d'une foule.*

VANUCCI

Qu'est-ce que c'est ? La musica ?

Elle ouvre la fenêtre et se met sur le balcon.

DE ROCHARD

Une fanfare.

VANUCCI

Qu'est-ce qu'on crie ?

DE ROCHARD

Et des torches.

VANUCCI

La place est noire de monde. Et tous les signors ont le capelle à la main.

DE ROCHARD

Par trois degrés au-dessous de zéro.

VANUCCI

Chut !... *(On entend du dehors : « Brava Cavallini ! Hurrah ! »)* Mais c'est elle qu'on acclame ! C'est elle qu'on escorte ! Regardez !...

DE ROCHARD

Où çà ?

VANUCCI

Mais, vous ne voyez pas la voiture ?...

DE ROCHARD

Mais où est le cocher ?... Les chevaux... Bon Dieu ! Ils ont dételé la voiture.

VANUCCI

Pour nous on dételle touzours... *(Hurlant en se penchant au balcon.)* Brava ! Cavallini !... Eviva ! Eviva !... *(Elle agite son mouchoir.)* Vite... vite... elle descend... elle va monter... préparons-nous... Fermez la fenêtre... La chambre va prendre froid !... *(De Rochard ferme la fenêtre qui est éclairée par des feux de Bengale.)* Là !... Mylord veut-il me secourir pour porter la table là... près du feu... *(De Rochard l'aide.)* Cosi... ah ! Madona ! j'oubliais... *(Elle va à l'alcôve dont elle tire les rideaux. On aperçoit un grand lit avec oreillers. Une petite lampe brûle à la tête. Sur ce lit un sachet à chemise de nuit brodé, une robe de chambre de velours et de fourrures est jetée sur le lit. Au pied du lit une paire de pantoufles. Vanucci prend la robe de chambre et les souliers et les place près du feu. Montrant la robe à de Rochard.)* Mylord se rappelle cette robe ?

DE ROCHARD, *l'aidant à tout disposer.*

Oui...

ADOLPHE, *entrant et apportant le champagne.*

Vous avez entendu ! Vous avez vu ! Ces flambeaux, ces feux de Bengale... ces torches... C'est beau comme le lac des Quatre-Cantons...

LE GROOM, *entrant en coup de vent.*

Elle monte ! La v'là !... Oh ! ces fumées !... Et quelle popule ! On n'a pas vu ça depuis le prince de Galles !

Des garçons et des chasseurs entrent portant des couronnes, des bouquets, des harpes, des lyres en fleurs avec des inscriptions et des rubans aux couleurs américaines et italiennes. La musique a repris.

UN GARÇON

Où faut-il poser ce fourbis-là ?

VANUCCI

Là, sur le piano. Comme elles sont belles... Dio bono ! Va doucement stupida ! Tu vas l'abîmer... Appuyez celle-là sur la chaise.

UN DOMESTIQUE

Vite ! Vite ! espèce d'empoté... la voilà !

SCÈNE III

RITA, VANUCCI, DE ROCHARD.
ADOLPHE, etc.

RITA, *entrant.*

Merci, monsieur... merci mille fois... vous êtes trop aimable... *(A Vanucci.)* Por l'amor di Dio... mettili fuori... Non ne posso piu...

Elle chancelle et s'appuie contre un meuble. Elle porte une robe superbe... Elle est resplendissante de bijoux... Sur sa tête, une tiare de diamants. D'une main, elle tient une couronne de lauriers avec un ruban doré et de l'autre une brassée de roses blanches. Elle est très pâle et délicieusement gracieuse.

ADOLPHE, *déployant un papier et lisant.*

Matame, vous à qui on élèfe des autels, vous êtes descendue dans le mien. Vous êtes non seulement une grande artiste, mais aussi une admirable réclame. Je vous salue donc au nom des deux muses gracieusement réunies et t'ailleurs chumelles : la muse de l'Art et la muse de l'Industrie hôtellière. Aussi, je m'écrie avec une émotion patriotique et professionnelle : Fife l'Amérique ! Fife l'Italie et fife la Suisse allemande !

TOUS

Bravo ! Bravissimo !

RITA

Merci... merci...

ADOLPHE

Si Matame veut bien garder le manuscrit ?...

RITA

Oh !...

ADOLPHE

La note est derrière.

RITA

Merci tout de même... Et maintenant, pardonnez... mais je suis fatiguée... Oh ! on crie encore !... Qu'est-ce qu'ils disent ?

ADOLPHE, *s'approche de la fenêtre.*

Che fais foir... Ils queulent, mais c'est embrouillé. *(Le Groom va à la fenêtre. On entend au dehors : « Un discours !... Quelques mots !... Cavallini !... Venez... venez... »)* Acht ! So ! Ils feulent un bédit discours.

RITA

Oh ! non ! je ne peux pas !... Non...

VANUCCI

Te prego... cara...

RITA

Oh ! non...

ADOLPHE

Ché fous en brie, Matame, pour l'honneur de l'hôtel !

DE ROCHARD

Ils ne s'en iront pas que vous ne leur ayez parlé.

RITA, *à voix très basse.*

Ouvrez la fenêtre...

Le Groom l'ouvre. On entend le bruit qui monte de la rue. Elle va lentement à la fenêtre.

ADOLPHE

Merci, au nom de l'industrie hôtelière.

Elle va au balcon... On l'applaudit dès qu'on l'aperçoit. Feux de Bengale qui l'éclairent. On entend le bruit d'un feu d'artifice. La fanfare joue un air. L'effet général doit être éblouissant et bruyant. Au milieu de tout cela, Rita se tient debout, saluant, courant et levant la main pour réclamer le silence. Derrière elle dans la chambre tout le monde applaudit. Adolphe répète : « Bravo ! » par intervalles. Vanucci le corrige en criant : « Brava ! » et s'essuie ostensiblement les yeux. Puis soudain le silence. On entend du dehors une voix qui crie : « Si elle ne veut pas parler, qu'elle chante ! » Rire suivi des cris : « Silence ! Silence ! Laissez-la parler ! » Le silence se fait. Un temps.

RITA, *très simplement, très timidement.*

Mesdames... mes amies... messieurs... chères personnes qui avez été si bonnes pour moi... merci. Vous qui avez des maris... des femmes... et des petits enfants, — oui, je veux que vous sachiez que vous êtes ma seule famille, que vous êtes tout ce que j'ai à aimer dans le monde, tout ce que je peux aimer désormais... Voilà... voilà... je ne peux plus... Adieu... merci... merci...

Applaudissements frénétiques de la foule. Cris : « Adieu ! Bonne chance ! A bientôt ! » Rita lance par-dessus le balcon ses roses. Elle dit une dernière fois : « Merci ! »

ADOLPHE

Oh ! Matame ! Mes compliments ! Moi-même che n'aurais bas dit mieux.

Rita fait quelques pas et chancelle.

VANUCCI

Ah ! Tresoro mio... Cosa ha ?

ADOLPHE

Mais elle tourne te l'œil !

DE ROCHARD

Un verre d'eau, vite !

VANUCCI

Elle n'a rien mangé... depuis ce matin !

DE ROCHARD, *lui faisant respirer des sels.*

Il faut la laisser... Laissez-la...

ADOLPHE

Oui, dégampez, dégampez tous...

RITA, *revenant à elle et souriant avec lassitude.*

Oui... oui... Merci... merci !...

ADOLPHE

Je vais écrire tout ça en Suisse.

Il sort.

RITA

Bonsoir !... bonsoir !...

SCÈNE IV

RITA, VANUCCI, DE ROCHARD

RITA

Ah ! que je suis lasse !

VANUCCI

Poverina !

DE ROCHARD

Ne voulez-vous pas que je vous laisse seule ?

RITA

Non... non... J'ai besoin que vous soyez là.

VANUCCI

C'est la première fois qu'elle rentre sans dire bonsoir à la famiglia.

RITA

C'est vrai... Les seuls qui ne m'aient jamais fait de mal. Mon pauvre Dona et toi Adelina... *(Elle laisse tomber son manteau, s'arrête près du berceau du singe et ramène sur lui une petite couverture à monogramme.)* Va bene dormi, belleza mia.

VANUCCI, *s'avançant avec un écrin.*

La tua crona, cara-e i tuoi gioielli.

RITA, *portant la main à sa tête.*

Oh ! ma tête, elle est si faible...

Elle retire d'un geste las sa couronne, son collier, ses bracelets, ses broches et bijoux et les remet à Vanucci qui les place dans l'écrin.

VANUCCI, *en lui retirant le bracelet.*

Ah ! i braccialetti.

RITA, *vivement, à Vanucci qui la pince en retirant le bracelet.*

Attento ! Mi... Ma mi fai male !

VANUCCI

Oh ! scusa, scura, cara !.

Elle ferme l'écrin et le porte vers le fond.

RITA, *s'assied par terre devant le feu où les cartes sont éparpillées.*

Per l'ultima volta — Chissa cosa diramio ?

Elle ramasse les cartes, les bat et commence à les tirer, la cigarette à la bouche.

VANUCCI, *redescendant.*

Ah! lascia la carta stassera...

RITA, *sans l'écouter.*

La carta di mezzo a destra; cosi! *(Comptant.)* Un, due, tre... Cosi...

Elle place les cartes selon le rite.

VANUCCI, *essayant avec mille précautions de lui passer une pantoufle au pied.*

Adagio, adagio... *(Elle y parvient.)* Ecco e fatto. *(Elle défait la robe de Rita.)* Adesso disfare questo: ci vuole un momento solo ?

RITA

Via... Via. *(Vivement.)* Mettere l'ultimo quadro su il primo cuori.

VANUCCI

Ti prego, cara un momentino.

RITA, *furieuse.*

Lasciani stare! O ti do une lavata di capo.

VANUCCI

Mylord, vous voyez, elle ne veut pas.

Rita fait le signe de la croix trois fois de suite avec solennité.

DE ROCHARD, *qui pendant tout ce temps l'a regardée silencieusement en fumant une cigarette qu'il jette.*

Rita.

RITA, *levant la tête.*

Quoi ?

DE ROCHARD

Levez-vous, la signora veut vous passer votre peignoir.

RITA, *pleurnichant et jetant sa cigarette.*

Ah ! vous m'ennuyez tant, tous !

DE ROCHARD

Il vaut mieux que je vous laisse.

RITA

Non, non, ne me laissez pas seule, pas tout de suite.

Pendant ce temps, elle a quitté sa robe de bal et a mis une robe d'intérieur très élégante.

DE ROCHARD, *lui prenant la main.*

Pauvre petite !

RITA

Oui, ça c'est vrai... Une pauvre petite... je suis une pauvre petite ! *(Subitement furieuse, à Vanucci.)* Per carita, — credi che sia fatta di leguo ?

VANUCCI

Seusa tanto ! Cara mia ! Va bene, cosi.

Elle se retire en emportant la robe.

RITA, *à Rochard.*

Elle m'a presque arraché le bras, vous savez. Yé la déteste. Yé la déteste... C'est une brute !

DE ROCHARD

Allons, allons... *(Rita se laisse tomber à terre et s'étend brusquement tout de son long, le menton dans les mains et interroge les cartes.)* Et que disent les cartes, petite sorcière ?

RITA

Elles disent... elles disent... Vous ne l'avez pas vu pleurer ?

DE ROCHARD

Qui ?

RITA

Il a pleuré comme un petit garçon quand il voit pour la première fois la méchanceté dans le monde.

DE ROCHARD

Allons, voyons, mon enfant... Tenez... que veux dire ce trois de trèfle ?

RITA, *revenant aux cartes.*

Ça veut dire un long... long voyage.

DE ROCHARD

Le vôtre, puisque vous partez demain. Et après ?

RITA

Il n'a pas voulu me répondre un seul petit mot, vous savez. Je lui ai dit : « Merci de m'avoir aimée. » Juste comme ça. J'ai attendu, il n'a rien dit, alors je suis partie...

DE ROCHARD

C'est vous la reine, là, au milieu de tous ces piques... de tous ces messieurs ?

RITA

Vous êtes parmi eux.

DE ROCHARD

Moi ?

RITA

Ah ! comme vous êtes serrés autour de moi... il n'y a pas moyen d'en sortir... Ah ! Comme vous êtes noirs et forts autour de moi... Santa Madona ! J'ai tout gaspillé pour vous et, maintenant que l'amour me sourit et me tend les bras, je ne puis plus rien donner. Ah ! cruels que vous êtes, non, vous ne m'avez rien laissé... vous m'avez tout pris. Je n'ai plus rien... plus rien...

Elle repousse les cartes et cache sa figure dans ses mains.

DE ROCHARD, *avec un tendre reproche.*

Rita !

Rita lui tend la main.

VANUCCI, *entrant.*

Adesso... Poverina! Siamo bell'e pronti peri. *(Elle aperçoit Rita qui pleure, s'arrête au milieu de sa phrase, puis à voix basse.)* Poverina!.. ...

Elle va retirer le macaroni du feu et verse la sauce dessus.

DE ROCHARD

Le souper est prêt.

RITA

Je n'ai pas faim.

DE ROCHARD

Oh! voyons! Et ce magnifique macaroni? La signora l'a préparé elle-même.

RITA

Non... non...

VANUCCI, *bas, à de Rochard.*

Mettez-vous à table, ça la fera venir...

DE ROCHARD

Eh bien, moi, rien que de respirer l'odeur de ce macaroni, c'est vrai, je meurs de faim.

VANUCCI

Sono buonissimi. Prenez place, Mylord !

Elle le sert.

DE ROCHARD

Oh ! vous n'allez pas me laisser souper seul... Du moins, asseyez-vous...

RITA

Oh ! si vous voulez !

VANUCCI, *tournant un long morceau de spaghetti autour de la fourchette et l'approchant de la bouche de Rita.*

Per favor, assaggia un pochino... Presto... Apri la bocca... *(Rita éloigne la tête.)* Santo Dio !

Vanucci et de Rochard se regardent découragés.

DE ROCHARD, *comme à une enfant.*

Voyons, rien qu'une bouchée pour nous faire plaisir.

RITA, *y consent.*

Oh ! qu'on me tourmente !

VANUCCI, *se penchant sur elle.*

Buoni ?

RITA

Non, non. Buona notte. *(Elle pose subitement son verre et va en courant vers Vanucci.)* Carissima mia ti ringrazio tanto, tanto ! Non dimenticaro ! Que tiamo sempa ! Ti amo ! ti amo !

Elle jette son bras autour du cou de la signora et l'embrasse avec effusion.

VANUCCI, *à moitié étouffée.*

Madona santissima ! Cosa vuol dire tutto questo? *(Elle se met à pleurnicher.)* Corpo di Baco ! Mi fai piangere... Buona notte ! *(Elle l'embrasse encore.)* Carissima ! Buona notte ! buona notte...

Elle sort en pleurnichant et en souriant en emportant les perroquets.

DE ROCHARD

Allons, Rita, il est temps de dormir !

Sans rien répondre, Rita s'asseoit dans un fauteuil de l'autre côté de la scène et regarde fixement devant elle.

RITA

Non... je ne pourrais pas.

DE ROCHARD

Que regardez-vous comme ça fixement ?

RITA

C'est mon rêve que je regarde.

DE ROCHARD

Rita, vous avez besoin de repos. Voulez-vous que je parte demain avec vous ? Oh ! comme le compagnon le plus respectueux... Voulez-vous prendre ce repos aux Tamaris... auprès de moi... auprès de l'ami fraternel que je suis devenu... Voulez-vous ?

RITA

Mon ami, mon grand ami...

DE ROCHARD

Alors ?

RITA

Non... je vous remercie de tout mon cœur, mais il y a des endroits que je ne veux plus revoir...

Il y a des heures du passé, même heureuses, que je ne veux plus me rappeler...

DE ROCHARD, *avec étonnement.*

Rita...

RITA

Oui, je sens que je vous étonne et je m'étonne moi-même... Mais tout ça c'est arrivé trop tard ! Je ne peux pas changer ma vie et pourtant je ne puis plus vivre comme autrefois. Je ne suis plus celle que j'étais et je désespère d'être une autre. Ah ! je suis tout embrouillée et je voudrais pouvoir me coucher pour mourir.

DE ROCHARD

Savez-vous ce qu'il faut faire ? Il faut écrire à Tom.

RITA

A Tom ?

DE ROCHARD

Il ne faut pas qu'il garde de vous un souvenir... aussi désespéré... Tout à l'heure vous n'aviez pas besoin de vous abîmer autant à ses yeux.

RITA

C'est pourtant la seule chose bien que j'aie faite. Je lui ai dit la vérité.

DE ROCHARD

Non, Rita, ce n'était déjà plus la vérité. Tom doit être très malheureux, il faut lui écrire cette lettre.

RITA

Non.

DE ROCHARD

Pourquoi ?

RITA

Parce qu'elle est déjà écrite...

DE ROCHARD

Donnez donc des conseils aux femmes !

RITA, *regardant la lettre.*

Elle a de la chance, cette petite lettre...

DE ROCHARD

Allons, Rita.

RITA

Oui, je suis raisonnable.

DE ROCHARD

Je viendrai demain vous chercher, je vous mènerai au bateau.

RITA

Vous êtes très bon... Je vous remercie.

DE ROCHARD, *grave.*

Non... Ne me remerciez pas.

RITA

Quoi ?

DE ROCHARD

Pardonnez-moi.

RITA

Vous pardonner quoi ?

DE ROCHARD

Tout... Tout ce que vous m'avez offert et que je n'ai pas su vous rendre... la joie que vous m'avez tant donnée et qui vous coûte votre bonheur !... Pardonnez-moi !

Il lui baise la main avec respect et il sort.

SCÈNE V

RITA, seule, puis TOM

Rita, seule, se prend la tête dans les mains, se dirige lentement vers la table où elle a déposé sa couronne, la regarde et la repousse avec rancune... regarde les cartes... les prend rageusement... les jette au feu... Puis elle ouvre un petit sac, en tire un petit triptyque, le baise dévotement, l'ouvre, le pose sur la table... arrache des roses de ses couronnes de théâtre, les dépose sur la table devant la Vierge... tombe à genoux, fait le signe de la croix et prie. On frappe à la porte... elle continue sa prière. On frappe de nouveau... elle se relève, ferme le triptyque. On frappe encore, elle recule, comme effrayée... Paraît Tom.

RITA

Vous !... *(Il ferme vivement la porte et reste appuyé contre elle, en regardant Rita. Il est très pâle, il a les cheveux en désordre et les yeux vagues. Il n'a pas de pardessus. Sur ses épaules, des flocons de neige. Ses mains sont rouges de froid. Il marche et parle comme un homme que dévore un feu intérieur. Rita, d'une voix étranglée.)* Vous...

TOM

Oui.

Ils se regardent, trop émus pour continuer.

RITA, *après un temps.*

Pourquoi êtes-vous venu ? Il faut vous en aller, il faut vous en aller.

TOM

J'ai froid.

RITA

Quoi ?

TOM

J'ai froid.

RITA

Oh ! mais oui... vous tremblez. *Santo Dio* ! Et cette neige sur vos vêtements ! Vous n'êtes pas sorti sans votre manteau. ?

TOM, *se regardant.*

Je ne sais pas, je ne sais plus.

RITA

Par ce froid...

TOM

J'ai erré une partie de la nuit. Je ne voulais pas

venir. Je marchais droit devant moi, au hasard. Une inconnue m'a demandé son chemin, — ce n'était pas une inconnue, c'était vous.

RITA

Moi ?

TOM

Une enfant m'a demandé l'aumône... C'était votre voix que j'entendais, c'était encore vous !

RITA

Mais...

TOM

Alors, vous ne m'avez plus quitté. Vous avez marché à côté de moi dans toutes les rues. Vous m'avez regardé à toutes les fenêtres. Il y avait des centaines, des milliers de femmes différentes, et chacune c'était vous. Je ne pouvais plus vous échapper. Votre visage allait à ma rencontre, toujours. Tous vos visages ! Votre visage du premier soir avec un sourire trop gai, vos diamants et vos violettes... votre visage d'amie avec son sourire confiant et ses regards pleins de promesses... votre visage mystérieux, votre visage fermé, tous vos mauvais visages... puis votre visage meilleur, votre pauvre visage couvert de larmes, douloureux, et enfin votre atroce visage, votre visage de tout à l'heure... Il en venait, il en tournoyait par milliers. J'entendais leurs paroles troublées, leurs appels, leurs coupables appels. Une église était ouverte, une église catholique, une église à vous. Je m'y suis précipité, je suis tombé à genoux, et j'ai compris.

RITA

Comment ?

TOM

Oui, j'ai compris pourquoi vous me poursuiviez, vous me hantiez, c'est parce que je suis coupable.

RITA

Coupable ?

TOM

J'ai fait preuve d'un cœur vulgaire, j'ai agi comme un homme sans foi.

RITA

Comment ?

TOM

Après votre terrible aveu, je me suis éloigné de

vous, sans pardon, sans pitié. C'est parce que j'ai eu peur pour mon salut que j'étais prêt à sacrifier le vôtre.

RITA

Que dites-vous ?...

TOM

Moi dont la mission est de sauver les âmes, j'ai abandonné la vôtre en péril mortel... Ecoutez-moi... ne m'interrompez pas... Bientôt il sera minuit. Ce sera l'office des pauvres. Et je serai au pied des autels... Ah ! Dieu puissant, aidez-moi... Non... Non... ne m'approchez pas... Il faut que je vous parle comme si vous étiez déjà partie... très loin... C'est mon âme qui parle à la vôtre. Il faut qu'elle lui apporte la lumière et la vérité. Ah ! c'est difficile... je ne suis encore qu'un pauvre homme qui souffre... Ecoutez... Tout à l'heure, chez moi, vous m'avez dit des mots de damnée... oui... de damnée... Il faut que je vous sauve... C'est tellement atroce, vous comprenez, tellement atroce... Non, ce n'est pas ça qu'il faut vous dire... *(S'écroulant la tête dans les mains.)* Ah ! je suis trop malheureux !

RITA

Non, ne pleurez pas, il ne faut plus pleurer et vous m'avez tout dit.

TOM

Quoi ?

RITA

Votre tâche est remplie... Je ne suis plus la femme de mon ancienne vie...

TOM

Rita...

RITA

Si vous pouviez voir clair ! Si vous pouviez lire en moi ! Non, non, vous n'auriez plus de chagrin.

TOM

Rita... est-ce vrai ?

RITA

Je priais quand vous êtes entré... *(Il la regarde.)* Moi aussi je vous parle comme si j'étais déjà partie très loin... Eh bien, je veux que ma vie devienne aussi bonne que la vôtre. Je me rappellerai toujours les mots que vous m'avez dits autrefois dans notre court bonheur. Je n'aurai plus de vanité. L'humilité sans joie, les souffrances des autres seront les miennes.

TOM

Rita ! C'est vous qui parlez ainsi ! C'est vrai ?

RITA

Oui, tout cela sera. Je le veux et je m'y engage. Tout cela sera pour que le bon Dieu me pardonne et pour que vous, vous n'ayez plus de chagrin.

TOM

Rita... de quelle angoisse vous me délivrez !... Si vraiment cela pouvait être.

RITA

J'ai horreur de ce que j'ai été...

TOM

Alors, Rita... il y a une chose que je veux vous demander. Une chose que vous me promettriez si vous aviez pitié de vous et de moi-même.

RITA

Laquelle... dites...

TOM

Promettez-moi, il le faut, promettez-moi qu'à l'avenir vous n'appartiendrez plus à aucun homme.

RITA, *profondément émue.*

Je vous le promets... mais...

TOM

Quoi ?

RITA

Pourquoi avez-vous parlé le premier ?

TOM

Comment ?

RITA

Je vous ai écrit tout à l'heure. Voici la lettre. Vous la relirez demain quand je serai partie *(Lisant lentement et avec une grande émotion.) Tom, mon cher Tom... je vous aime...* Non, non, à votre tour n'approchez pas... *Je n'ai jamais aimé que vous, cela il faut que vous le sachiez avant tout. Et puis aussi il faut oublier les mots terribles que je vous ai dits, ils ne sont pas vrais. Je ne suis pas aussi mauvaise... Et surtout je suis différente. Et ce ne sont pas seulement vos conseils qui m'ont transformée. C'est le premier regard que vous avez posé sur moi. Mais tout ce que vous m'avez dit, je le sais par cœur, je le sais... pardonnez-moi... comme un rôle... un rôle qui serait une prière... Je serai bonne... charitable... intacte... Je n'appartiendrai plus à personne... Je n'y aurai pas de mérite... Je suis toute gardée de souvenirs... Adieu, Tom. Vous rencontrerez un jour une jeune fille dont vous pourrez faire votre femme... Il faudra l'aimer... Gardez cette lettre... Elle en vaut peut-être la peine... Pourtant, si extraordinaire que cela paraisse, c'est ma première lettre d'amour.*

TOM, *en larmes.*

Rita !

Il lui prend les mains et les embrasse.

RITA

Maintenant, partez. Il va être minuit... les pauvres vous attendent à l'église pour l'office... Sortez... J'ai un peu de courage... Partez vite !... Je vais prier et ce soir vous allez prier pour moi... *(Tom relève la tête et regarde Rita.)* Partez !... *(Tom la regarde sans bouger.)* Partez !... Pourquoi ne partez-vous pas ?... *(Tom la regarde et fait un pas vers elle.)* Non... non...

TOM

Si.

RITA

Allez-vous-en, Tom, allez-vous-en !...

TOM

Je ne peux pas.

RITA

Tom !

TOM

Non, je ne peux pas. C'est moi qui vous ai menti tout à l'heure.

RITA

Taisez-vous !

TOM

Oui, j'ai menti. Ce n'est pas pour vous sauver que je suis revenu... Ce n'est pas votre âme que j'aime... ce n'est pas vrai... vous entendez ?... Ce n'est pas vrai.

RITA

Taisez-vous.

TOM

C'est toi que j'aime, Rita, c'est toi.

RITA

Mon Dieu !

TOM

Je t'aime... Je t'aime plus que tout au monde. Je t'adore, je te désire...

RITA

Mon Dieu, ayez pitié de moi !

TOM, *la prenant dans ses bras.*

Mon amour.

RITA, *fermant les yeux.*

Attendez... non... écoutez-moi... Je suis toute seule... je n'ai plus de force... je ne peux plus lutter contre vous... mais, maintenant, avant qu'il ne soit plus temps, écoutez-moi... Ecoutez ce que je vais vous dire... Ceci, c'est la grande minute de ma vie... la femme que je serai désormais... c'est à vous de le décider, ici, à cette place... *(Comme une enfant.)* Oh ! Tom... monsieur Tom... s'il vous plaît, laissez-moi être sage. Ne me traitez pas comme les autres... Ne me rendez pas mauvaise, de nouveau. Vous êtes l'homme que Dieu a envoyé sur la terre pour nous aider... Alors... alors... aidez-moi... allez-vous-en... Mon cœur, il va partir avec vous, pour toujours... mais ça m'est égal, ça m'est égal, si vous me laissez mon âme... *(Elle est transfigurée. Comme elle parle, il la libère lentement et tombe à genoux, sa figure cachée dans ses mains. Un temps. Puis, au loin, on entend le premier coup de la cloche de minuit. Ensuite, un chœur de voix d'hommes se fait entendre au loin et se rapproche peu à peu. Il chante le vieux cantique de Luther. En l'entendant, Tom se lève en trébuchant. Il passe la main sur son front, comme s'il se réveillait après un rêve.)* Mon Dieu, soyez béni... Merci...

Elle tombe à genoux.

TOM

Je vous demande pardon... je m'en vais... mon église... les pauvres... la procession... je vais la rejoindre sur l'avenue... *(Il cherche son chapeau.)* Adieu... pardon...

RITA, *les yeux clos, faisant le signe de la croix et à voix basse.*

Ave Maria, gratia plena... sancta Mater Dei...

TOM, *à la porte.*

Je vous demande pardon...

RITA

Ora pro nobis peccatoribus nun et in hora mortis...

Il est parti. Rita prie. Le cantique prend plus de force et devient triomphant. La lumière baisse : la scène devient obscure. Un instant, le son des cloches et des horloges qui sonnent continue, puis le bruit meurt peu à peu.

CHANGEMENT A VUE

ÉPILOGUE

Même décor qu'au premier acte.

La scène se passe dans la bibliothèque de l'Evêque. Il est assis près du feu mourant, dont la lueur éclaire son visage. Son petit-fils est à ses pieds. Au dehors on entend les derniers échos des cloches et des coups de sifflet.

L'ÉVÊQUE

...Et voilà, je me la rappelle... à genoux, les cheveux dénoués et priant... Je ne l'ai jamais revue... Un instant après, je me suis retrouvé sur l'avenue, suivant machinalement la procession et chantant... Tiens... cet air-là... Ah ! qu'ils le jouent mal !

HARRY

Ils s'éloignent, grand-père...

L'ÉVÊQUE

Un si bel air... Comme nous le chantions bien à Saint-Gilles !

HARRY

Et Mme Cavallini, grand-père ?

L'ÉVÊQUE

Quoi ?

HARRY

Qu'est-elle devenue ?

L'ÉVÊQUE

Je n'ai plus jamais rien su d'elle... *(Un temps.)* Voilà, mon cher enfant... Je t'ai raconté cette histoire que je n'ai jamais racontée à personne, pour que tu comprennes certaines choses, pour que tu descendes en toi... Alors, mon petit, je te demande...

HARRY

Oh ! grand-père...

L'ÉVÊQUE, *le calmant du geste.*

Je te demande... de réfléchir un peu... pas longtemps... jusqu'à l'année prochaine...

HARRY

Grand-père...

L'ÉVÊQUE

C'est tout à l'heure... C'est demain... Tais-toi... Ne dis plus rien... Demain, tu décideras...

HARRY

Mais...

L'ÉVÊQUE

Demain. Donne-moi le journal. Suzy n'a pas fini de me le lire... ..

HARRY

Je vais vous l'appeler, grand-père.

SUZY, *entr'ouvrant la porte.*

Je peux entrer ?

L'ÉVÊQUE

Je te réclamais, ma chérie...

SUZY, *à Harry, à voix basse.*

Ça va ?

HARRY

Je ne sais pas... mais... ne lui en parle plus...

Harry sort.

SUZY, *prenant le journal.*

Alors, je continue...

L'ÉVÊQUE

Oui... lis-moi la dernière page...

SUZY

Soulèvement du régime en Perse. Conférence économique à Genève... Nouvelles d'Italie... Accord douanier avec la Grèce... Mort d'une grande artiste : la Cavallini.

L'ÉVÊQUE

Quoi ?

SUZY

C'est une dépêche de Milan... Vous voulez que je la lise ?

L'ÉVÊQUE

Oui...

SUZY

C'est qu'elle est longue.

L'ÉVÊQUE

Ça ne fait rien.

SUZY, *lisant très vite.*

L'art lyrique vient de faire une perte irréparable. L'illustre cantatrice, Mme Margherita Cavallini, est morte hier, pieusement, après avoir reçu les secours de la religion... Elle...

L'ÉVÊQUE

Non... lis très lentement.

SUZY

...De la religion... Elle a rendu le dernier soupir dans la petite maison très modeste qu'elle habitait à Fiesole... Elle s'y était retirée en 1873, quittant le théâtre en pleine jeunesse, en pleine beauté, en pleine gloire. En 1874, la vente de son palais de Venise et de ses admirables bijoux produisit la somme de huit millions qu'elle consacra intégralement à fonder une maison de retraite pour les artistes malheureux et un asile pour les orphelins... Raconter l'histoire de notre Cavallini ce serait retracer l'histoire de la musique pendant dix ans. Elle fut l'interprète de Rossini, de Verdi... (La pendule sonne les douze coups de minuit.) Onze, douze... Minuit ! Grand-père, bonne année !... *(Elle jette le journal et va l'embrasser.)* Mais, bon papa, pour-

quoi votre joue est-elle toute mouillée,.. Oh !... et l'autre aussi... Mais, grand-père... Vous pleurez...

L'ÉVÊQUE

Non, ce n'est rien... Suzy, va me chercher Harry...

SUZY

Mais oui, grand-père... *(Elle va ouvrir la porte et appelle.)* Harry, viens donc ! Il est minuit !

HARRY

Bonne année, grand-père !

L'ÉVÊQUE

Merci, mon enfant... j'avais hâte de te voir... *(Lui tendant le journal.)* Tu liras cela...

HARRY, *jetant les yeux sur le journal.*

La Cavallini ?

L'ÉVÊQUE

Chut... oui... Harry... Cette jeune fille... ta fiancée... cette jeune artiste...

HARRY

Eh bien, grand-père ?

L'ÉVÊQUE

Eh bien, mon petit... épouse-la... *(Traçant le signe de la croix.)* Je te donne ma bénédiction. Et maintenant, laisse-moi, mon petit... éteins...

Il reste seul, regarde le petit mouchoir, prend les violettes blanches, les respire, baisse la tête et pleure. Il n'est plus éclairé que par la lampe. Effet de lune et de neige. On entend ainsi qu'à la fin du premier acte, mais très au lointain et comme la voix même du souvenir : Connais-tu le pays... *et le rideau tombe.*

RIDEAU

8405 — Imprimerie Jouve et Cie. 15, rue Racine, Paris — 11-1928

THÉATRE

AICARD (JEAN), de l'Acad. française

Forbin de Solliès, pièce en 2 actes 6 75

Le père Lebonnard, comédie en 4 actes, en vers. Illustré. . . 7 »

La Milésienne. Légende tragique en 4 actes et en vers. . . . . . 5 »

Théâtre tome I : *Molière à Shakespeare. William Davenant. Othello. Le More de Venise*. . . . 5 »

— T. II : *Au clair de la lune. Pygmalion. Le pierrot de cristal. L'amour gelé. Smilis*. . . . . 5 »

BATAILLE (HENRY)

Théâtre complet tome I : *La lépreuse. L'holocauste* 7 50

— T. II : *Le masque. L'enchantement* 7 50

— T. III : *Résurrection. Maman Colibri* 7 50

— T. IV : *La marche nuptiale. Poliche* 7 50

— T. V : *La femme nue. Le scandale*. . . . . 10 »

— T. VI : *La vierge folle. Le songe d'un soir d'amour. La déclaration*. . . . . 12 »

— T. VII : *Le Phalène* . . 12 »

— T. VIII : *L'enfant de l'amour. Notre image* . . . . . . 12 »

— T. IX : *Les flambeaux. Les sœurs d'amour* . . . . 12 »

— T. X : *L'amazone. L'animateur*. . . . . 12 »

COLETTE ET MARCHAND (LÉOPOLD)

La vagabonde, pièce en 4 actes. 7 50

CROISSET (FRANCIS DE)

Théâtre tome I : *D'un jour à l'autre. Chérubin. La bonne intention. Par politesse* . . . . 5 »

— T. II : *Le bonheur, mesdames ! Les deux courtisanes. Le cœur dispose*. . . . . 5 »

— T. III : *L'éperoier. Le feu du voisin. Ne dites pas fontaine* . . . 7 50

— T. IV : *Le paon. Le je ne sais quoi ? Tout est bien* 7 50

— T. V : *Arsène Lupin. La passerelle*. 7 50

DONNAY (MAURICE), de l'Acad. française

La chasse à l'homme, comédie en 3 actes. . . . . 7 »

FABRE (ÉMILE)

Théâtre tome I : *L'argent. Les cadeaux de Noël. La vie publique*. . 6 75

— T. II : *Les ventres dorés. Le bien d'autrui. La maison d'argile* 7 50

— T. III : *La rabouilleuse. Timon d'Athènes* 7 50

— T. IV : *Les sauterelles. Les vainqueurs* 7 95

FLERS (ROBERT de) et CROISSET (FRANCIS de)

Le retour, comédie en 3 actes et 1 prologue . . . . 9 »

Les vignes du Seigneur, comédie en 3 actes . . . . 12 »

Romance, pièce en 3 actes et 5 tableaux 12 »

LAVEDAN (HENRI), de l'Acad. française

Servir, pièce en 2 actes. *La chienne du roi*, pièce en 1 acte . . . 12 »

Le vieux marcheur, comédie en 5 actes 5 »

Le nouveau jeu, comédie en 5 actes. 5 »

Le marquis de Priola, comédie en 3 actes. Illustré . . . . . . 9 »

MIRBEAU (OCTAVE), de l'Acad. Goncourt

Théâtre tome I : *Vieux ménages. Les affaires sont les affaires. L'épidémie* 7 50

— T. II : *Interview. Le portefeuille. Les mauvais bergers. Scrupule* 7 50

— T. III : *Le foyer. Les amants*. 7 50

ROSTAND (MAURICE)

La gloire, pièce en 3 actes, en vers 6 »

Le phénix, drame en 3 actes, en vers. 6 50

Le masque de fer, pièce en 4 actes, en vers . . . . 7 »

Le secret du Sphinx, drame en 3 actes, en vers. . . . . 9 »

Napoléon IV, pièce en 4 actes, en vers. . . . . 12 »

La nuit des amants, pièce en 3 actes, en vers. — *La déserteuse*, pièce en 3 actes, en vers . . . . . 12 »

8629. — Paris. — Imp. Hemmerlé, Petit et Cie. 11-1928.

www.ingramcontent.com/pod-product-compliance
Ingram Content Group UK Ltd.
Pitfield, Milton Keynes, MK11 3LW, UK
UKHW022011170726
13837UKWH00001B/126